文化の継承と現代テクノロジーの展開

―技術アーカイブズの伝統と現在―

中京大学社会科学研究所［編］

中京大学社会科学研究所が2013年2月16日(土)・17日(日)に開催した、「日伊シンポジューム　アーカイブズの日伊比較　知と技術の継承と展開」のポスター

本書は、二〇一四年三月に出版された『知と技術の継承と展開—アーカイブズの日伊比較—』の姉妹編である。「日伊文化交流シンポジウム」については、右記の序章檜山論文（「知と技術のアーカイブズ」）に詳しいのでご参照頂きたい。

目次

文化の継承と現代テクノロジーの展開

―技術アーカイブズの伝統と現在―

伝統文化と地域社会のアーカイブズ

大友　昌子

今回のシンポジウムは、「知と技術の継承と展開」というのが大きなテーマです。本日はその二番目のセッションということで、「技術アーカイブズの継承と活用」がテーマになっております。

昨日は知の集積でありました公文書管理のあり方についてシンポジウムを行いまして、日本の公文書管理のあり方に欠陥があるのではないだろうか、というような課題が最後の討論に出てまいりました。

一方、昨日お話をお聞きいたしますと、イタリアでは非常に文書保存への根強い伝統があるようでして、文書管理につきましても日本が参考にしうる点が数多くあるように受け止めました。

しかしイタリアと日本、そこには両国の文化や国民国家の成立以前からの、いわば国の成り立ちの違いがあり、またヨーロッパという地域は国や民族が長い時間軸の中で錯綜する地域であること、さらにイタリアでは、たくさんの言語の文書が残されている、ということもわかりました。それで、文書管理のあり方に、これらの諸要因が影響を与えているということもわかってきました。

本日は「技術のアーカイブズ」を取りあげ、イタリアとの文化交流シンポジウムを進めるうえで、公文書などの知のアーカイブズと並んで、イタリアと日本の共通点として、もの作りが盛んに行われている点があることを取りあげます。このもの作り、すなわち技術アーカイブズの伝統というものを通して、技術アーカイブズのあり方と、その継承および活用について考えてみたい、そして、イタリアと日本が相互にその事情を話し合うことで、知恵を出し合いたいと考えております。

ところで、私はこの企画を推進する中で、何人かの方々とお話をさせていただきました。私にとりましては、大変新鮮な出会いだったのです。例えば、今おいでいただいているヤマザキマザックの長江副社長さん、あるいは元名古屋市長でありました松原先生、あるいはイタリアから長く日本に住んで、宗教学を南山大学で講義していらっしゃるヴォルペ先生、こうした方々とお会いする中で、私の中で「ああ、そうか」と合点がいく点がいくつか出てまいりました。

それは、この名古屋を中心とした愛知県が独特の文化を持っている、文化といいましても大変幅が広いわけですけれども、その一つが大名文化である。大名文化が残った地域が、この名古屋という地域らしさなのです。

そしてもう一つは、もの作りの文化が連綿として続いているということも、新たに再認識しました。この大名文化が残ったということと、もの作りの文化が連綿として続いていること、これらは、それぞれその背景が異なります。

これからは、私自身の考察と推測も含めての話ですが、例えば京都は公家文化、そして江戸は武家文化が育まれました。そして立地的にその間にあります、この名古屋の地域に大名文化が残ったのですね。なぜそういう文化が残ったのか。それはある特定の時代ですけれども、やはりこの地域の豊かさとか富というものを、権力者が吸い上げるといいましょうか、あるいは蓄えるといいましょうか、そういうことが起きたわけです。京都では公家の階層が、その地域の富や文化を吸収いたしました。江戸では武士が政治の中枢として文化や富を吸収しました。

そしてここ名古屋では、武士の中のトップである大名がこの豊かな濃尾平野の富を吸い上げた。それが尾張の徳川家で、大名文化が徳川の三つの家々—皆さんご存知のように水戸、紀州、そして尾張とあるわけですけれども—でも今日、最も豊かな大名文化が残っているのがこの尾張の徳川家だそうです。

今申し上げましたように、この地には大名文化が残る。もう一つは、もの作りの文化が連綿として残っている。一昨日、小牧のほうにございます工作機械メーカーのヤマザキマザックをお訪ねいたしました。その際、工場見学をさせていただきまして、大変興味深くエキサイティングな時間を過ごしました。

私は文系の人間ですので、なかなか機械のことはわからないわけですけれども、こういうことを申し上げていいのかわからないのですけれども、今非常に精緻な工作機械を製造して世界にそのシェアを広げて、すばらしい技術を誇っている工作機械のヤマザキマザックさんなのですけれども、そのルーツを辿りますと、すなわち旋盤加工なのだそうです。

戦前といいましょうか、近代以降ですけれども、町の鉄工所として発足をいたしまして、それが第二次世界大戦後、研究や努力を重ねられて、世界に羽ばたく立派なもの作りの企業になっておられる。ではその鉄工所のさらにその前は何だったのだろうかというと、実は村の鍛冶屋、このようなことを申し上げたら失礼かもしれないのですが、実は今日の優れた工作機械の原点は、村の鍛冶屋さんにあるという話もお聞きしました。

それで、この愛知県・名古屋の地には、今申し上げましたようなアッパークラスといいましょうか、そこには大名文化が残り、そしてもの作りの文化のレベルでは、鉄工所、その前は鍛冶屋さん、後では工作機械の世界的メーカー、こういうような工作機械の会社が日本の中では、この愛知県とそれからもう一つ、石川県にたくさん集積しているということです。

それで、愛知県のほうは、今申し上げましたようなさまざまな工作機械、石川県のほうは、織機の工作機械が作られているのだそうです。これらもやはり工作機械といえども、地域の伝統文化と深く結びついているということができます。

その工作機械のもともとのルーツが、村の鍛冶屋さんだといったのですけれども、私はさらに想像をふくらませまして、この鍛冶屋さんが活躍した現代の日本の社会を形づくっている江戸時代を想像してみますと、士農工商の身分制のあった時代です。そして「士」は江戸幕府ですから、東京ですね。そして「商」は大阪。そしてその間にあって、「工」の文化・匠の文化が、この名古屋を中心としたこの地域に蓄積されたのではないか、あるいは残ったのではないか、このように想像したわけなのです。まあこれが妥当性があるのかどうかということは、今日これから皆さんのお話を聞きながら、さらに考えを深めていきたいと思います。

この江戸の武士の気風、大阪の商人の気風、それから名古屋の匠の気風・工の気風といいましょうか、そういうようなものが、この名古屋の地域で実は基層のところで、この地域に住む人々のものの考え方とか価値観とか、そういうところに作用しているのではないか、こんなふうに考えたりいたしました。

今日のシンポジウムの中でも、「からくり」の実演を九代玉屋庄兵衛さんにしていただくのですけれども、このからくりをめでる・からくりを面白がる・からくりをずっと育ててきた、こういう気風も、この工の気風・匠の気風がこの名古屋の中にあって、それがこうしたからくりというような伝統文化を、ずっと育んできたのではないか、このように考えているわけです。

今申し上げましたように、江戸・大阪・名古屋というふうに、地域の違いでもって名古屋の特徴を浮上させてみたのですけれども、これは結局、どうして名古屋はこういう特徴を持つようになったのかというのは、地域と地域の関係性の中で、こうした特徴が育まれた、といえるのではないかと思うのです。

伝統とか文化というものはご存知のように、人と人とが相互作用の中で作り出す、人が作り出すものです。

こういうふうに地域社会の育む伝統とか文化は、長い時間軸の中でそれぞれの時代の人々の暮らしに合うように、その時代に生きた人々によって作られ、今も昔も再構成され、連綿として生き続けている。伝統と技術アーカイブズは、このように理解することができるのではないか、と思います。

それともう一つ付け加えさせていただきたいのは、「技術」と「技能」という言葉の違いなのです。技術というのは、科学によって説明できる、これが技術です。そして技能というのは、個人の中に埋め込まれている、あるいはその時々の状況とか、ものを生産するときの環境の中に埋め込まれている、これが技能ですね。

一昨日ヤマザキマザックをお訪ねしたときに、たくさんの「技能士」と呼ばれる資格をお持ちの方が、ずらっと並んでおられました。その壮観さに、「おお」と私は感動したのですけれども、この技術と技能の違い、すなわち技術はどのように伝承していくのか、あるいは伝えていくのかで、これは科学に置き換えることができます。しかし技能というのは、人から人へと伝わる、こうした側面が強いのです。

まあ、いろいろ申し上げました。今日はイタリアのもの作りについての具体的なお話は出てこないのですけれども、その源流でありますギリシャの伝統文化のお話が出てまいります。

本日は、多様な角度からイタリアと日本の伝統文化、それから技術アーカイブズ、そして産業アーカイブズなどにつきまして、報告がありますので、それらを聞きながら私たちがこの伝統文化を受け継ぎ、なおかつ活用・利用していくために、どうしたらいいのだろうか、これについて考えていきたいと思っている次第です。

最近の工作機械

長江　昭充

最初に今回のお話をいただいたときに、「知と技術のアーカイブズ」というテーマで、私が話すことはあまりないのではと思っていたのですが、大友先生から「技術というのはモノのことですよ」といわれたことから、本日はエンジニアリングとそれからわれわれがつくったモノとの関係をお話させていただきます。私はずっと工作機械しかつくったことがないものですから、工作機械に偏ったお話になることをお許し下さい。

まず最初に、イタリアと日本の共通点みたいなものを探そうと思いまして、うちの娘がヤマザキ・マリさんの『テルマエ・ロマエ』という結構人気のある漫画を読んでいるものですから、私もちょっと借りて読んでみたところ、両国にはお風呂に入るという共通の文化があるということに気づきました。

【資料２】 三共製作所 小川社長と筆者（右）

【資料１】 Leonardo Da Vinci(1452～1519)

次に、イタリアの技術といえば、ご存知のレオナルド・ダ・ヴィンチだろうと思います（資料１）。芸術の人でもありますが、まさしく技術の人ということで、この人をキーワードにして、Googleでレオナルド・ダ・ヴィンチと工作機械と日本で検索しますと、実はある人のブログが出てきます。

それは、株式会社三共製作所の小川社長という方なのですが、自分の工場の中にレオナルド・ダ・ヴィンチのコーナーを作っておられます。これはちょっと話題として良いかなと考え、去年の一二月末に行ってまいりました（資料２）。

小川社長のブログを読んでいただければわかりますが、ダ・ヴィンチは資料３のようなスケッチを数多く残しています。だから、いろいろな技術を最初に考えた人であったと思います。これらが実現したかどうかはわかりませんが、アイディアとしてはすごく多くあり、今でい

【資料３】

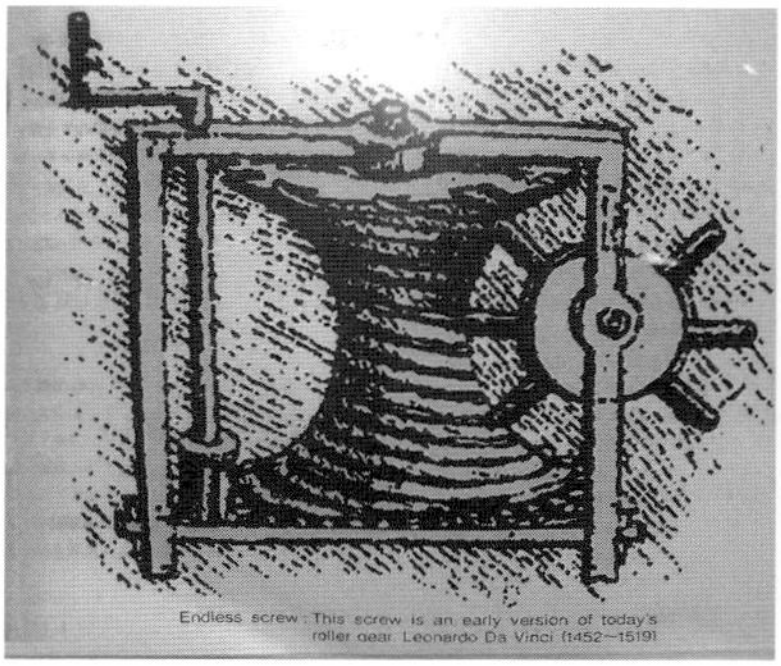

【資料4】

う特許の文献のはしりのように描かれています。特許制度が確立した後世になって、そのうちの幾つかが特許になっているのですから、当時はすごい技術だったのだろうと思います。

実は、資料４はわれわれ技術者からいいますと、減速機というものでございます。左上のハンドルをグルグルと回しますと、これが次の軸を回して、この軸が回るので一番右側の軸が回ります。この減速比は、回転速度から見ると、おそらく一〇〇分の一ぐらい。だから一〇〇回回すと最後が一回回るぐらいの減速機でして、そのスケッチをダ・ヴィンチが描いていたのです。

それを現代風にしますと、ローラーギヤカム（資料５）とわれわれは呼んでおり、実は先ほどの三共製作所がつくられているものなのですけれども、軸端にモーターを付けてグルグル回すと、上部の円形テーブルがゆっくり回る仕組みです。この減速機は、私どもの工作機械にたくさん使っておりまして、ここでダ・ヴィンチとの関係をちょっとお話したかったのです。

私どもは、工作機械をつくっていますが、一口にいいますと、金属

【資料５】

を刃物で削っていろんな形の部品をつくる機械です。刃物の付いた工具を用いて鉄などの金属を、ちょうどりんごの皮を剥くぐらいの感じで、ゴリゴリッと削ります。

もちろん、鉄だけではなくてアルミやチタンなどいろいろなものが削れます。こういう金属を削る機械をつくっています。

それでは、工作機械とはどういうものかといいますと、木などでモノをつくっていた頃は、石器などを用いて木を削っていましたが、次第に金属を用いるようになり、金属もイギリスの産業革命のときに、いくつかの発明が起きまして、その発明が土台になって工作機械ができました。

工作機械の源流を産業革命に求めるとすれば、四つぐらいの大きな発明がそのときにあったのではと思います。一つは、コークスによる製鉄です。鉄鉱石はたくさんありましたが、それ以前には木炭で製鉄をしていました。木炭で製鉄するためには、木をおおよそ三〇年ぐらいかけて育てなければならず、それを炭に焼いて使うのです。鉄の需要がどんどん増してきますと、木が育つのが間に合わないということで、木がないところはやむを得ず燃料として石炭を使うことにしました。それが一七〇九年ぐらいにバーミンガムの近くで起きました。

それから、鉄を削るためには、刃物は結構硬いものでないといけません。削られる鉄より硬い刃物が必要なわけです。そこで炭素鋼というものが発明されました。

それから、鉄を削るのですから結構な力が要ります。昔は金属でなくて木材とかでモノをつくっているときは、牛の力や人間の力を使ったり、水車で回したりしていましたが、とてもそんなものでは追いつきません。動力としての蒸気機関が一七六五年に実用化されるようになって、初めて動力化された機械が出現しました。これが三つ目の発明です。

最後に、この蒸気機関をつくるには、実はシリンダーという部品とピストンという部品が必要ですけれども、二つの部品の隙間が空いていますと、蒸気が漏れてしまって効率が大変悪いのです。丸い軸のピストンは比較的精度よくつくれるのですが、穴のシリンダーをまん丸くつくるのは結構むずかしいのです。今の時代でも軸と穴では、精度的に穴の方がたぶん半桁ぐらい悪く、軸の方がいい精度にできます。そこで穴を精度良く加工するための中ぐり盤という機械が誕生しました。

これら四つが、私は産業革命の大本ではないかと思います。さらに、これらの技術を発展させて、どんどんいろんな工作機械が鉄でつくられ、さらに工作機械だけではなくて、いろいろなものが鉄でつくられるようになりました。一九〇〇年頃までに、いろんな形の工作機械の原型が発明されました。これが工作機械産業にとって一番の大本であります。

さらに最近になりますと、工作機械に三つほど大きな革命的なことがありました。一九五二年に米国ＭＩＴでＮＣ（Numerical Control）装置というものが発明されました。これは今まで人間が操作して機械を動かしていたものを、あらかじめ作成されたプログラムによって動かそうというもので、初めて自動的に部品を削り出すことができるという文字通り画期的な発明でした。

それから、一九五八年には米国のK＆T社からマシニングセンタが発売されました。これはどういうものかというと、機械が自動的に複数本の工具を次々と取り替えて（ATC = Automatic Tool Changer）加工するもので、複雑な部品加工の生産性が一挙に高まりました。

一九六七年には、英国のモリンス社から「システム24」という概念が発表されました。これは、複数台の工作機械を削られる部品を運ぶ装置で連結させて、全体を一台のコンピュータで制御するというもので、今日のＦＭＳ（Flexible Manufacturing System）の基礎となった概念です。これによって、複数の工作機械を二四時間無人で運転できるということで「システム24」と命名したものです。このシステムは、発表の当時には完成しませんでしたが、今日では広く普及しております。ＮＣ、ＡＴＣ、ＦＭＳが近代の工作機械の三大発明といえると思います。

さて、話を少し前に戻しますが、一八世紀中頃のイギリスにおける産業革命の遺産がバーミンガム、マンチェスター近辺にたくさん遺されています。資料6は、その当時につくられたイギリスの橋で、「アイアンブリッジ」と呼ばれています。セバーン川に架かっており、今でも人が歩けるのですが、鉄でつくられた最古の橋で世界遺産として残っております。

その頃イギリスで工作機械ができ上がったのですが、その技術は大陸側のドイツ・フランス・イタリア

【資料6】 1779 年に完成した世界最古の鉄の橋 “Iron Bridge”（全長 30 m、高さ 16 m、重量 380 トン強）

などに移り、フランスはリヨンの辺り、イタリアはおそらくミラノ・トリノ近辺だと思います。ドイツは何ヵ所かに移りました。

ヨーロッパ大陸で工作機械がどんどんつくれるようになってきて、ヨーロッパでの工業生産が盛んになるわけですが、それがアメリカに飛び火して、アメリカはボストン近辺に、さらにシンシナティー、ここはアメリカの中で、実はドイツ人が非常に多い町なのですが、その町が工作機械のメッカになりました。

日本では、大正時代に工作機械の製造を始めましたが、欧州、米国と比べれば良い機械をつくることができず、第二次世界大戦で敗れ、それからも低迷が続いておりました。昭和三〇年代に入って、やっと工作機械の製造が軌道に乗ったわけですが、まだまだ欧米には見劣りしておりました。

私は、一九七一年に現在のヤマザキマザックの前身の山崎鉄工所に奉職したわけですが、やっとその頃に少しずつ日本の工作機械も主に米国に輸出できるくらいの品質のものができるようになりました。時を同じくして、日本でNC工作機械の量産化が始まり、これが安価で、性能、信頼性に優れているということで、日本の工作機械の世界への躍進が始まり、一九八二年には世界一の工作機械生産国となりました。

資料7は、一九六一年から二〇一一年まで五〇年間の工作機械の国別生産高の一一ヵ国をグラフで示してあります。私がマザックで工作機械をつくるようになった一九七一年頃は、まだ上位にいろいろな国がおりまして、一番はドイツでした。それからアメリカ、それらに次いで日本は下の方にいたのです。その当時は、日本の工作機械は世界でもまったく認められておらず、世界の一流の工作機械は、ドイツ製かアメリカ製のどちらかでした。それにわれわれが追いつくことはできないのではないかと思っておりました。

その後さらに時間が経つにつれて、日本の工作機械は生産高を伸ばしていきました。ただ一九八二年に景気が悪くなってドーンと落ちたのですが、実は一位だったアメリカもそれ以上に落ち、この瞬間に日本は世界一の工作機械生産国になりました。ただこのときにはまだ相手がこけただけだから、日本に実力があるとは思っていなかったのです。

そこからどんどん頑張りまして、九〇年頃になると「やっぱり日本も結構やるようになったな」と感じられるようになりました。二位はドイツで、アメリカはこの頃から低迷してしまいました。

この日本・ドイツ・アメリカ・イタリアの四ヵ国がどんどん生産を伸ばしたのですが、二〇〇八年のリー

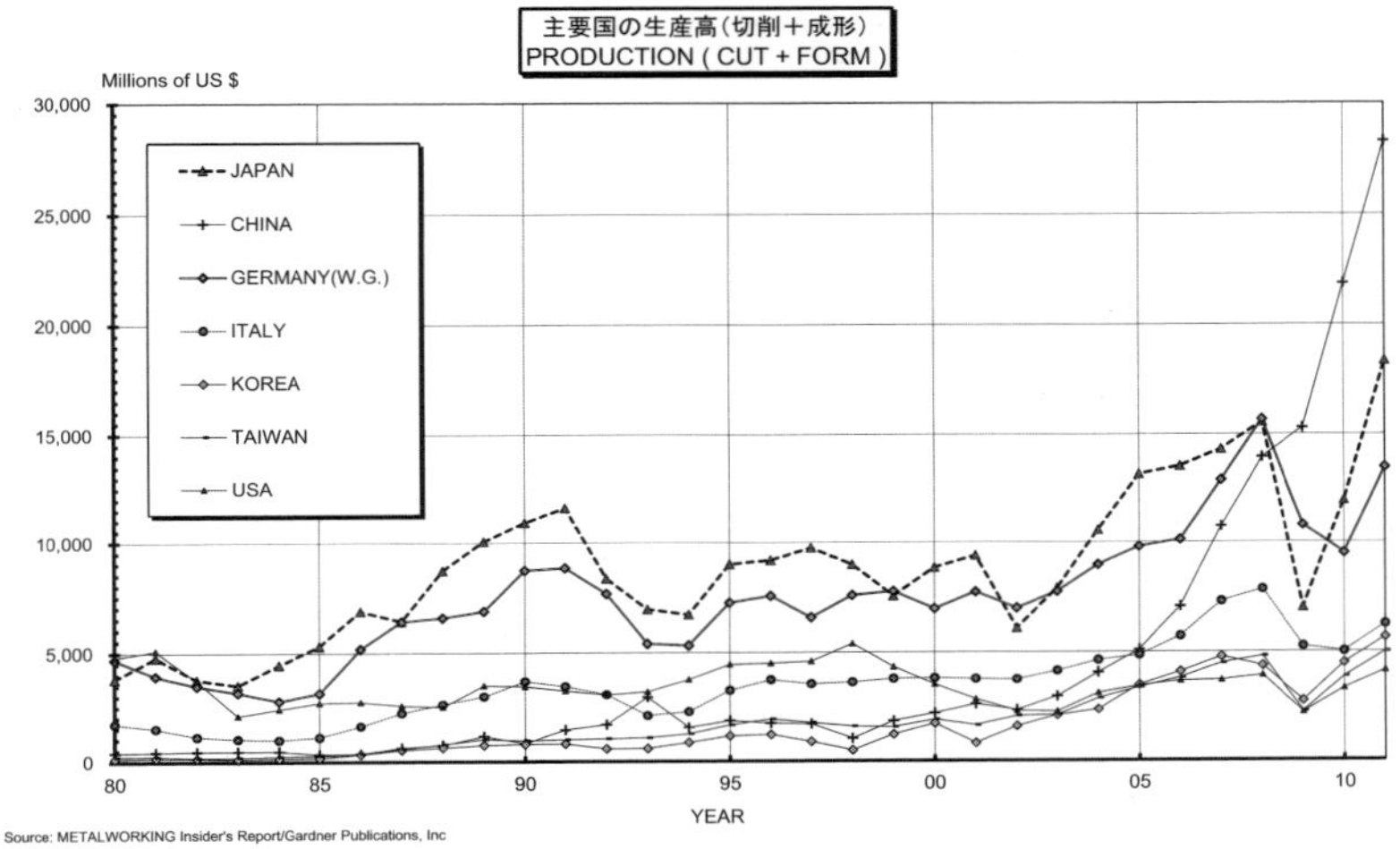

【資料７】　主要国の NC 工作機械生産高（出展：METALWORKING Insider's Report/Gardner Publications Inc.）

マンショックにより未曾有の落ち込みとなりました。

一方で、中国が二〇〇〇年頃からものすごい勢いで工作機械をつくるようになり、現在では中国が一位、日本が二位、三位がドイツ、四位がイタリアという順番になっているわけです。

工作機械は、工業国でつくられるわけですから自国での消費も多いのですが、それを外国へ輸出したり輸入したりもします。資料8は、左から中国・日本・ドイツ・イタリアなど主要国の工作機械消費額ですが、中国は全体の生産額に対する輸出の占める割合が、極端に少なくなっております。

一方で、この斜線の部分は中国が輸入した機械です。非常にたくさんの機械を輸入しています。輸入しているし、自分たちでもつくっているのだけど、外へ売るのは少ない。ということは、中国国内にものすごくたくさんの工作機械を毎年設置しているということです。

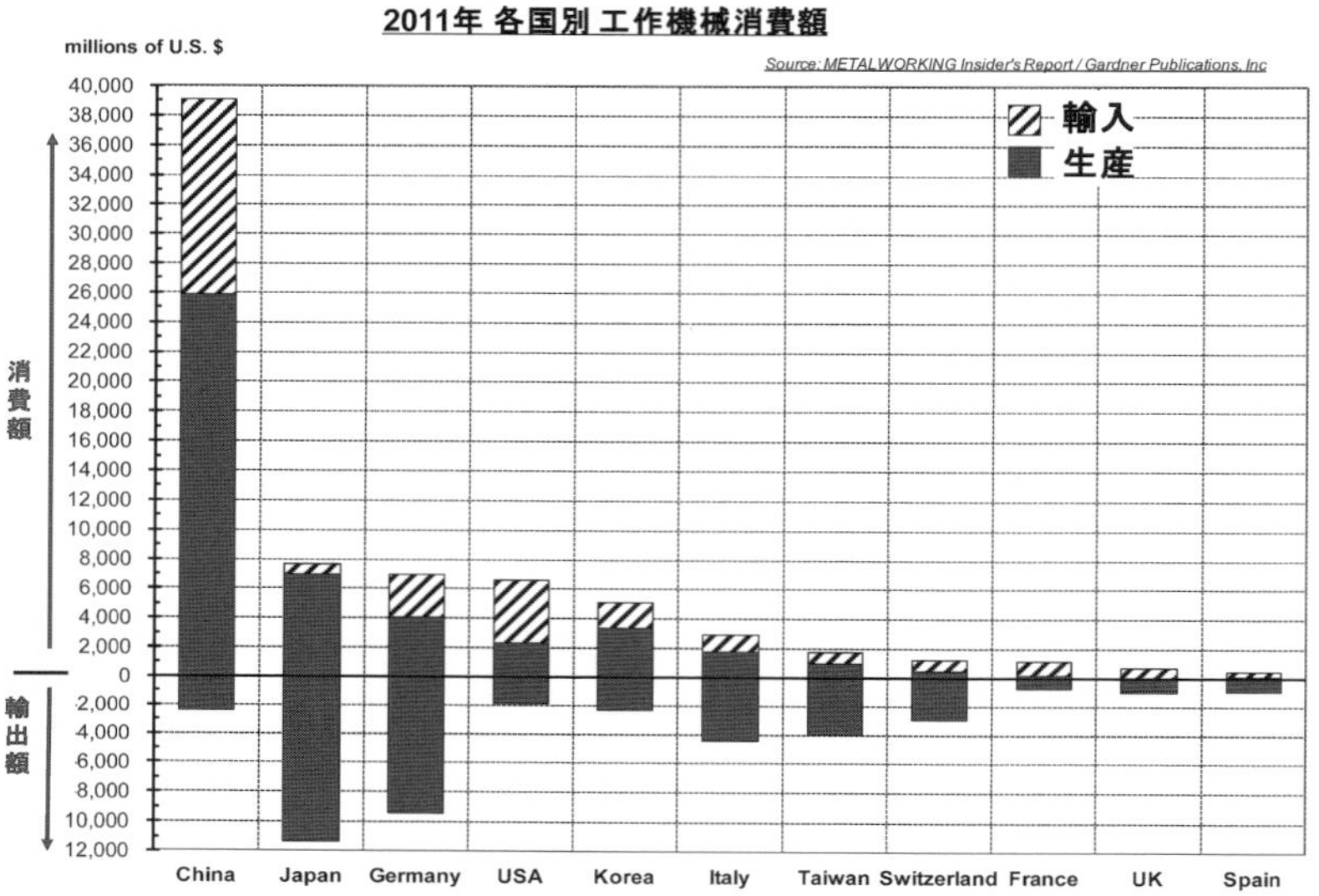

【資料８】 2011年　各国別工作機械消費額（出展：METALWORKING Insider's Report/Gardner Publications Inc.）

言い換えれば、毎年中国がいろいろなものの製造能力・工業力をつけているということです。

このグラフの上側部分をわれわれの呼び方で、工作機械の消費額、すなわち、コンサンプションといっていますが、これが高ければ高いほどモノをたくさんつくろうとしていることを示しています。中国が世界一で、日本は二位で、しかもその差は五倍ぐらいあります。中国の方がモノをたくさんつくろうとしているわけです。

日本はたくさん工作機械をつくり、世界第二位の生産国ですが、幸いなことに外国にたくさん売れています。日本の機械が海外のお客さんに好まれているからです。一方で輸入は少ししかありません。

イタリアは結構な生産力ですが、隣の国に売っても輸出ですから、輸出は結構多いです。輸入も

最近の工作機械

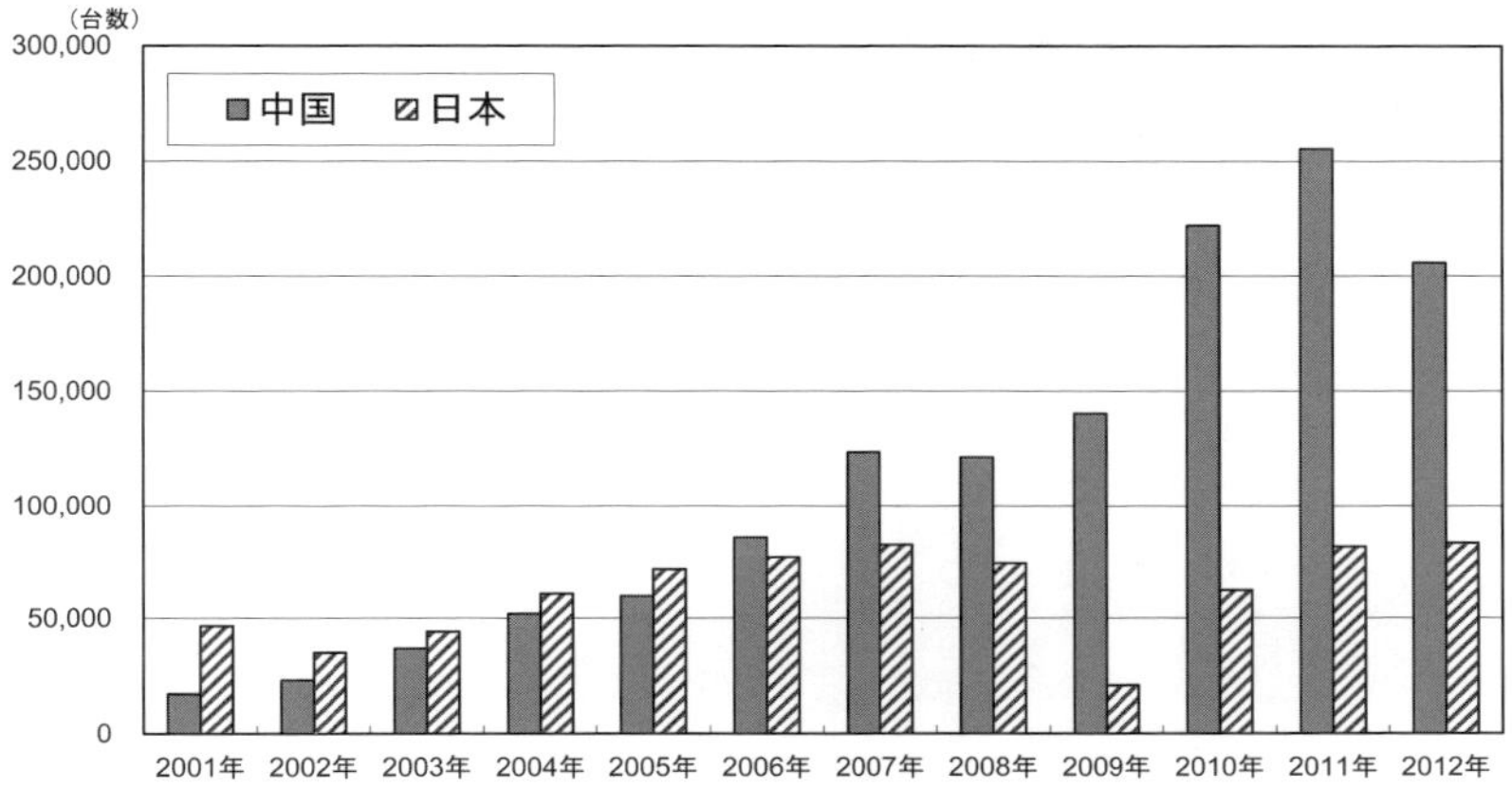

【資料９】　日本と中国のNC工作機械生産台数

ありまして、消費額で見ると六位ぐらいで、ヨーロッパの中ではドイツに次いで二番のポジションです。

中国についてもう少しお話ししますと、最近われわれがつくる工作機械は、全部コンピュータの付いた機械であります。それはわれわれの呼び方ではCNC工作機械といっていますが、そのCNC工作機械を、毎年何台つくるかをカウントしている会社がありまして、日本は断然世界一位だったのです（資料９）。

ところが中国が急速に伸びてきて、二〇〇六年には逆転され、今では中国は毎年二二〜二三万台のCNC工作機械をつくっております。日本は七〜八万台というところですが、製品としてはわれわれの方が高級な機械をつくっています。

それから中国は自国でつくるけれども、性能、品質やアフターサービスの点から、なかなか外国へは売れないのが実情です。資料10は二〇一二年のデータですが、会社別にどの会社が一番工作機械をたくさんつくったかを、毎年米国の雑誌

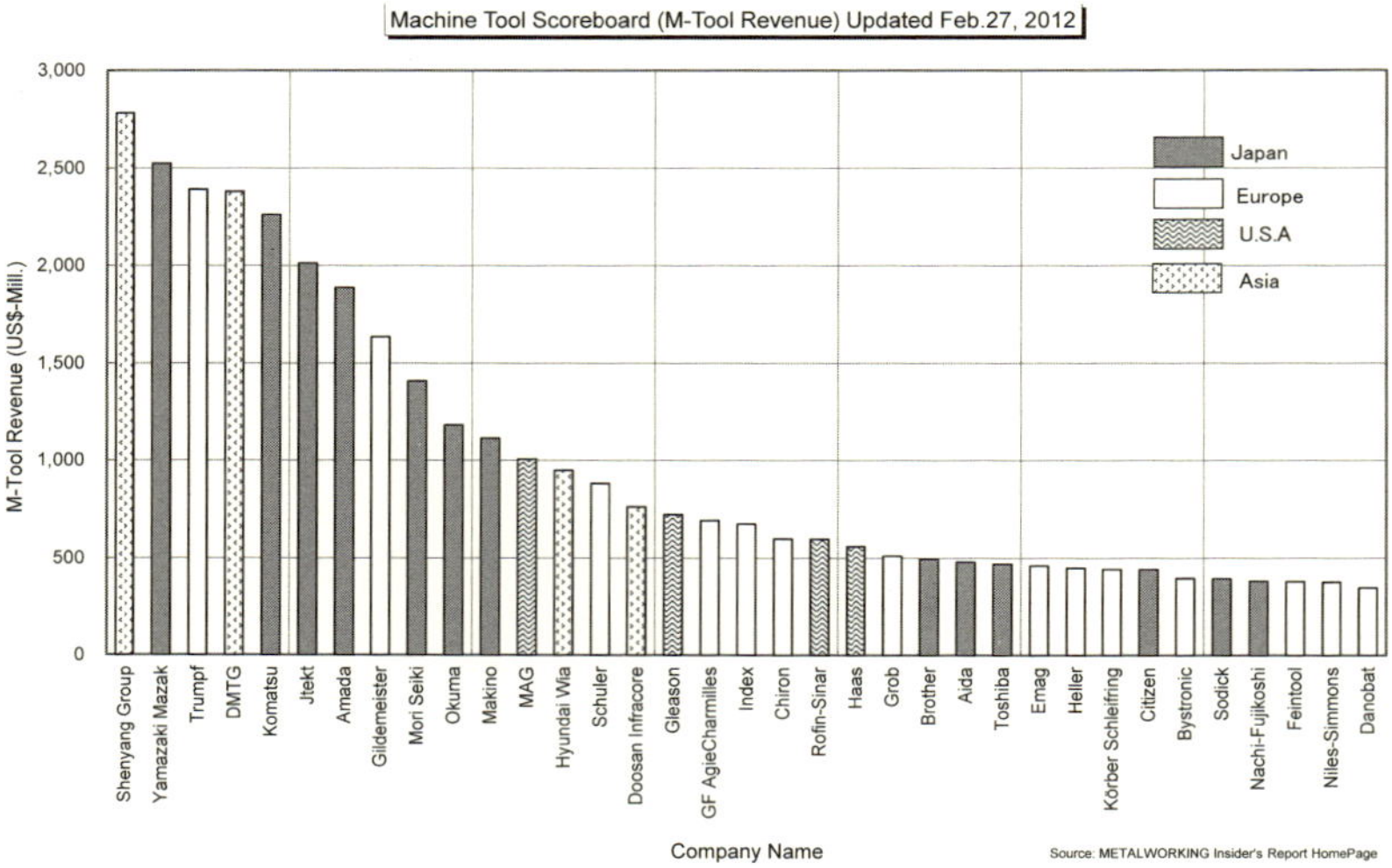

【資料 10】 工作機械売上ランキング 2012 年 2 月(出展:METALWORKING Insider's Report HomePage より)

社が調べており、ずっと当社は世界で一番多かったのですが、残念ながら同年抜かれて、一番に中国の瀋陽工作機械という会社が出てきました。それから四番目に大連工作機械で、一番と四番が中国の会社です。

日本の会社は、私どもの会社のほかに小松製作所、ジェイテクト、アマダ、それから森精機、オークマ、牧野フライスで、世界で結構日本の工作機械は頑張っているなと見ていただけると思います。

今回はアーカイブズということで、われわれは中部地方におりますから、中部の工作機械という観点でお話をしますと、虎屋さんほど古くはないのですが、四四〇年前には岐阜に、今でもあるナベヤという鋳物屋が創業されております。それから江戸時代にかけて、後ほど玉屋庄兵衛さんがお話されると思いますが、「からくり」というものがあります。「からくり」というのは、機械の要素といいますか、機構学です。したがって、もっとそれを産業に使うことが望ましかったと思います。

しかし封建時代というのは、そういうことをむしろ抑えるというか、例えば船などでも外洋をどんどん行くような船はつくってはいけないとか、武器もつくってはいけないとか、いろいろなことで制限されていました。そういう、モノをつくろうとする捌け口が、この「からくり」に至ったのではないかなと思っています。そうはいっても、実用的なものの時計はこの地方が産地でもありました。

それから、明治に入ってもう少したくさんモノをつくろうとなったときに、この地方は繊維の産地ですが、繊維をつくって洋服にしようと思いますと、糸を紡ぐ機械や織る機械や、切ったり縫ったりたくさんの機械が要ります。そういう繊維機械をたくさんつくっています。

その次に戦争が何度かありまして、飛行機が要るとか、トヨタ自動織機から自動車のトヨタさんが出てくるなど、機械化・工業化が進んだわけですが、そのために工作機械がたくさん必要になったと思います。

「山車からくり」というのが日本のどこに残っているかを調べてみますと、二〇〇一年には中部地方にたくさん残っています。「からくり」の始まりは一五二〇年頃だったと思いますが、ナベヤの鋳物は一五六〇年。「信長ですか」といったら「いや、もうちょっと古いです」といわれました。

それから、一六六九年に刃物商として創業の岡谷鋼機という、今でもやっておられる会社がありますが、名古屋鉄砲町へ出てきました。それから一八九八年創業の大隈麺機商会。これは佐賀の方の人らしいので

【資料 11】 当社製「米式ベルト掛け旋盤」（1932 年）

すが、今はオークマという名前の工作機械メーカーです。

私どもヤマザキマザックは一九一九年に創業し、昔は「山崎鉄工所」といいました。それから四一年創業の豊田工機、今はジェイテクトといいます。さらに四八年創業の森精機など、世界の工作機械トップ10に入る企業がいくつも中部地方にあるので、中部地方は世界で最も工作機械産業の盛んな地域といえると思います。

かつては英国のバーミンガムとかドイツのドレスデンやライプチヒ、それから米国のシンシナティーが工作機械のメッカだったのですが、今では中部地方がそれにあたります。

それから、先ほどいいました韓国・台湾・中国では、台湾の台中に非常に工作機械メーカーが集積しております。中国は遼寧省の大連と瀋陽が二大産地です。

【資料 12】 昭和 10 年当時の工場の様子

資料11は、少し古い機械ですが、当社の玄関を入ってすぐのところに飾ってあります。あまり専門的な話になるといけませんが、見た形はずいぶん華奢です。全体を覆うカバーがありませんし、それからモーターが付いていないので、力はそんなにかけられないのですが、こういうものを昭和七年頃にはつくっていました。

また、その当時の工場を復元したものが、本社工場に飾ってあります(資料12)。資料13は、昭和一〇年頃の名古屋市熱田にあった私どもの会社ですが、写真右から三人目の白いシャツの人が創業者の山崎定吉、正面に立っている少年がその息子の山崎照幸です。この人は私どもの会長を勤め、残念ながら二年前に亡くなりましたが、その長男山崎智久が三代目として現在社長をやっています。当時はこんなふうに工作機械をつくっていました。

【資料13】 昭和10年当時の当社工場（名古屋市熱田区）

工作機械は金属のモノはなんでも削ります。世の中は衣食住だとか車や飛行機に乗って移動するとか、情報とか娯楽、エネルギーだとかが要るわけですが、そういうものはすべて工作機械でできていると思ってください。

工作機械は、産業としては小さいですが、実はそれが世界の産業の生産性を左右します。だから良い工作機械を使わないと良いものはできません。能率よくもできません。だから良い機械をたくさん買ってほしいのはそういうわけです。

それからお年寄りが骨折などされると、手術をしてその部分を取り替えないといけません。取り替える人工骨部品は工作機械で削ってつくります。さらに家電、スマホとかiPadだとか、いろんなモノがいろんな部品でできています。それらの部品は全部工作機械で削ってつくります。

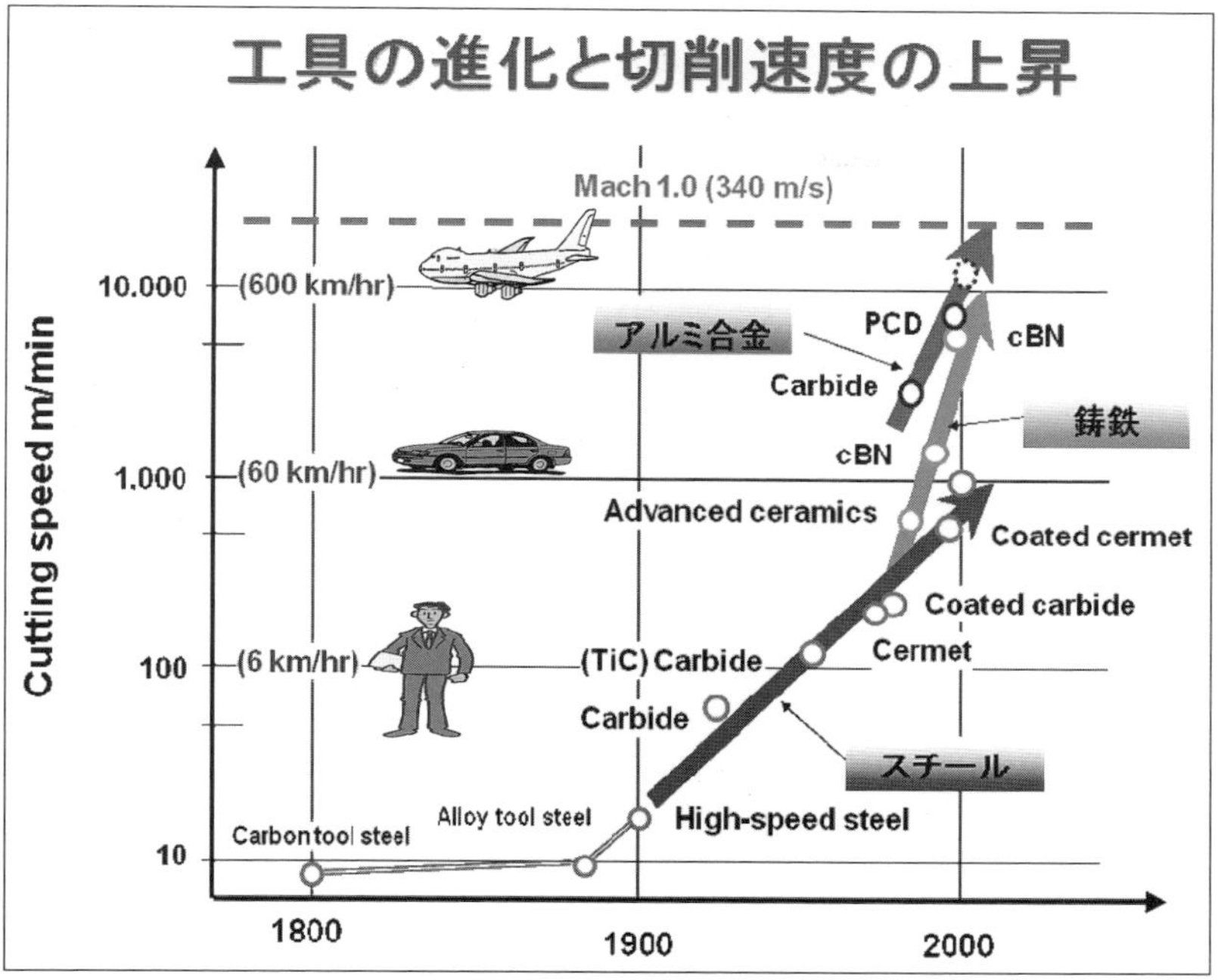

【資料14】

われわれは工作機械をつくるときに、能率を考えてつくるわけですが、能率とはいったい何ですかというと、速く削ることです。先ほど切り屑が出てきましたよね。あの出てくるスピードが速ければ速いほど能率が高い。それはどのくらいのスピードかというと、資料14のように、昔は一分間に一〇メートルぐらいのゆっくりとしたスピードだった。それがどんどん速くなって一分間に一〇〇メートルぐらいの速度から、一〇〇〇メートルまで。一〇〇〇メートルと一〇〇〇〇メートルと一口にいいますが、一〇倍も速くモノができるということです。

それから、アルミだとか鋳物だとかは鉄に比べてもっと速く、一万メートルぐらいで削れてしまいます。一千メートルと一万メートルもこれまた一〇倍違います。削る速度も一〇倍違うし、実はそこにいろんな工夫があり、どんどん効率を上げるように考えております。

資料15－AとBは工作機械でつくられたイタリアのフェラーリのエンジンですが、フェラーリ社にも当社の機械を使っていただいています。もうひとつは日野自動車のトラックの後部ミッションの部品です。資料16は飛行機の部品で、機体の一部（【資料16－A】）とエンジン（【資料16－B】）です。

資料17－Aは船のスクリューです。さらにちょっと形は悪いですが、17－Bは風力発電の一番先端に付いている部品と17－Cは石油を掘るための先端の部品です。こういうものがすべて工作機械で削られているということです。

資料18は人口骨です。もう少しお年になられると、お使いになられる場合が出てくることもあるかと思います。

最後に、工作機械におけるイタリアと日本の関係を少しお話したいのですが、ヨーロッパの工作機械工業会の団体に、CECIMOというのがありまして、これが二年に一回ヨーロッパ各地で展示会を開きます。その展示会はドイツのハノーバーで開かれることが多いのですが、六年に一回だけはイタリアのミラノで開催されます。

私はイタリアの工作機械のいくつかを見ておりますが、優れたデザインの機械が多いです。資料19は工作機械のデザインではなくて、ミラノのDUOMOですが、なかなか優れたデザインの建築ではないかと

【資料 15-A】 フェラーリのエンジン

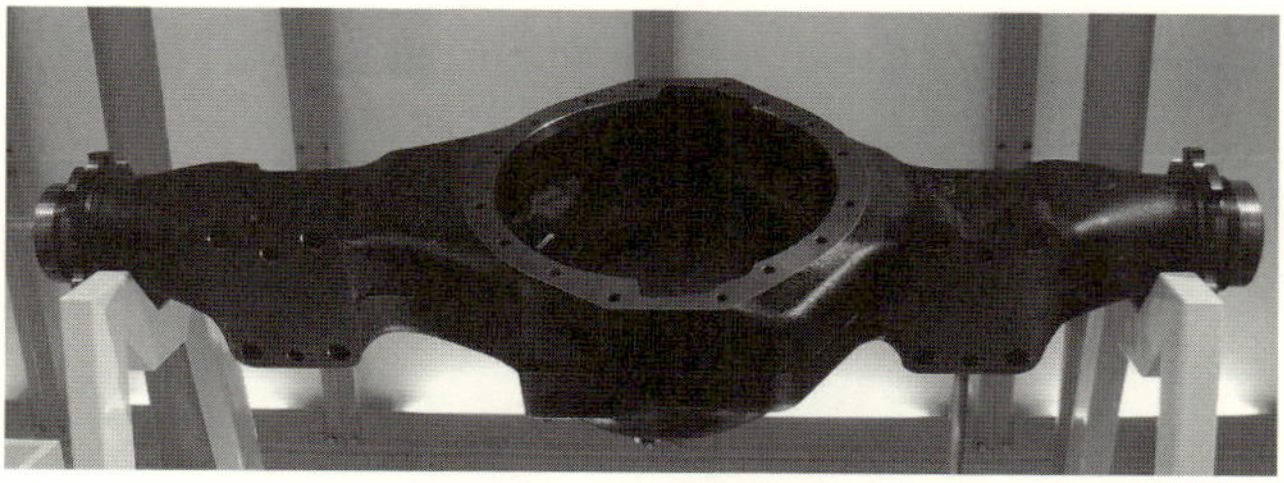

【資料 15-B】 トラックの後部ミッション部品

【資料 16-A】 飛行機の機体部品

【資料 16-B】 飛行機のエンジン

【資料 17-A】 船のスクリュー

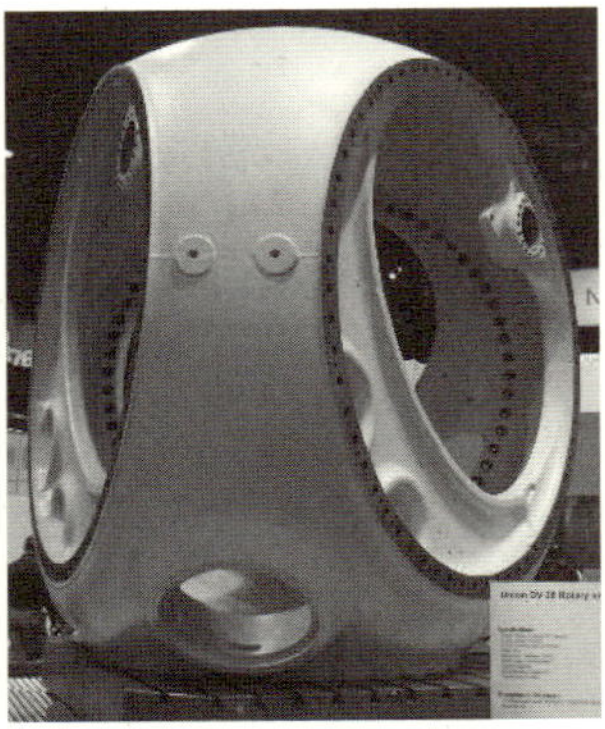

【資料 17-B】 風力発電用部品

【資料 17-C】 石油掘削用部品

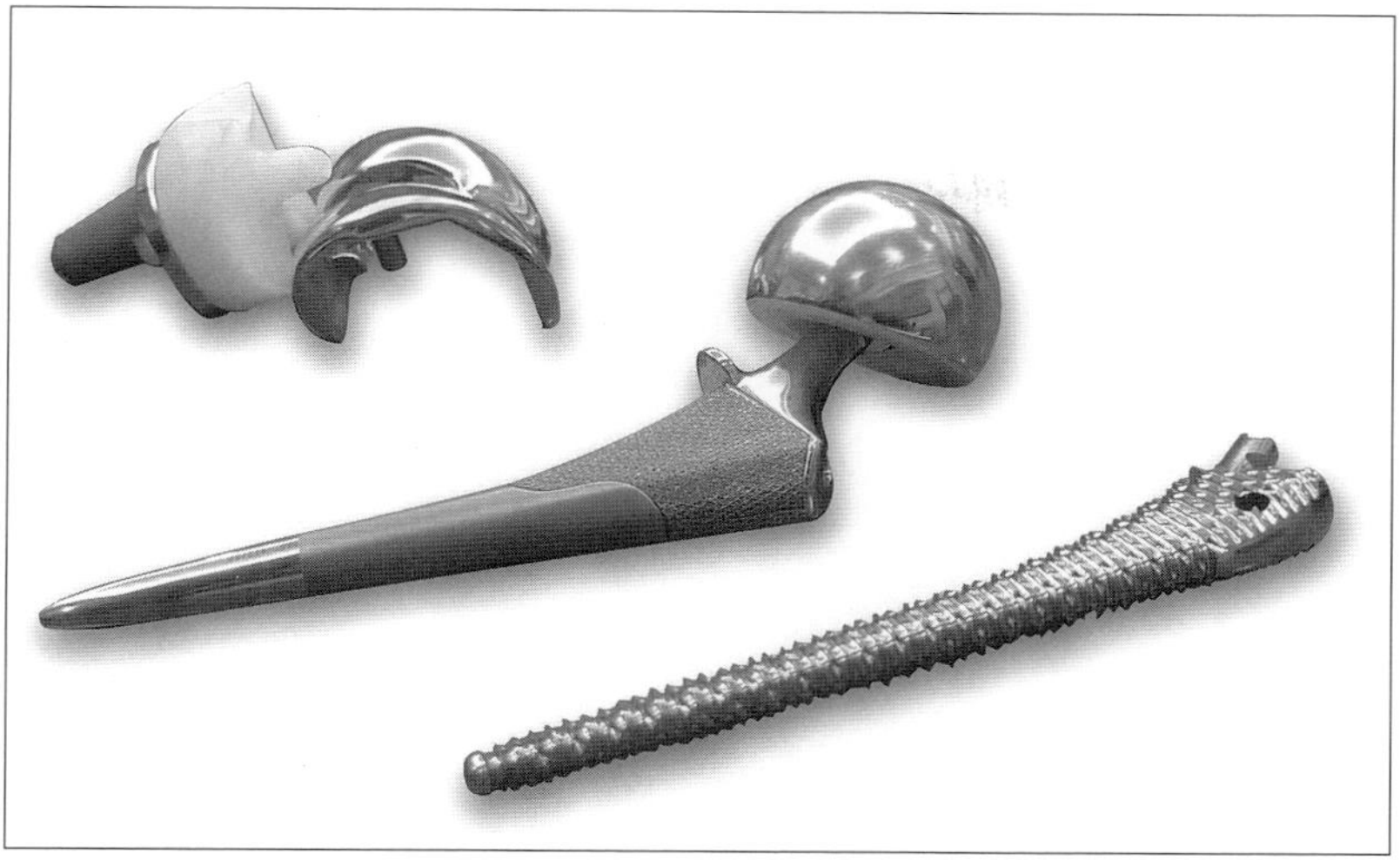

【資料 18】 人工骨

【資料 19】

思って何度か見学しています。

資料20はスクーターです。日本のスクーターは、ホンダのカブなどもこんなデザインではないですよね。イタリアのデザインはなかなか良いと思います。

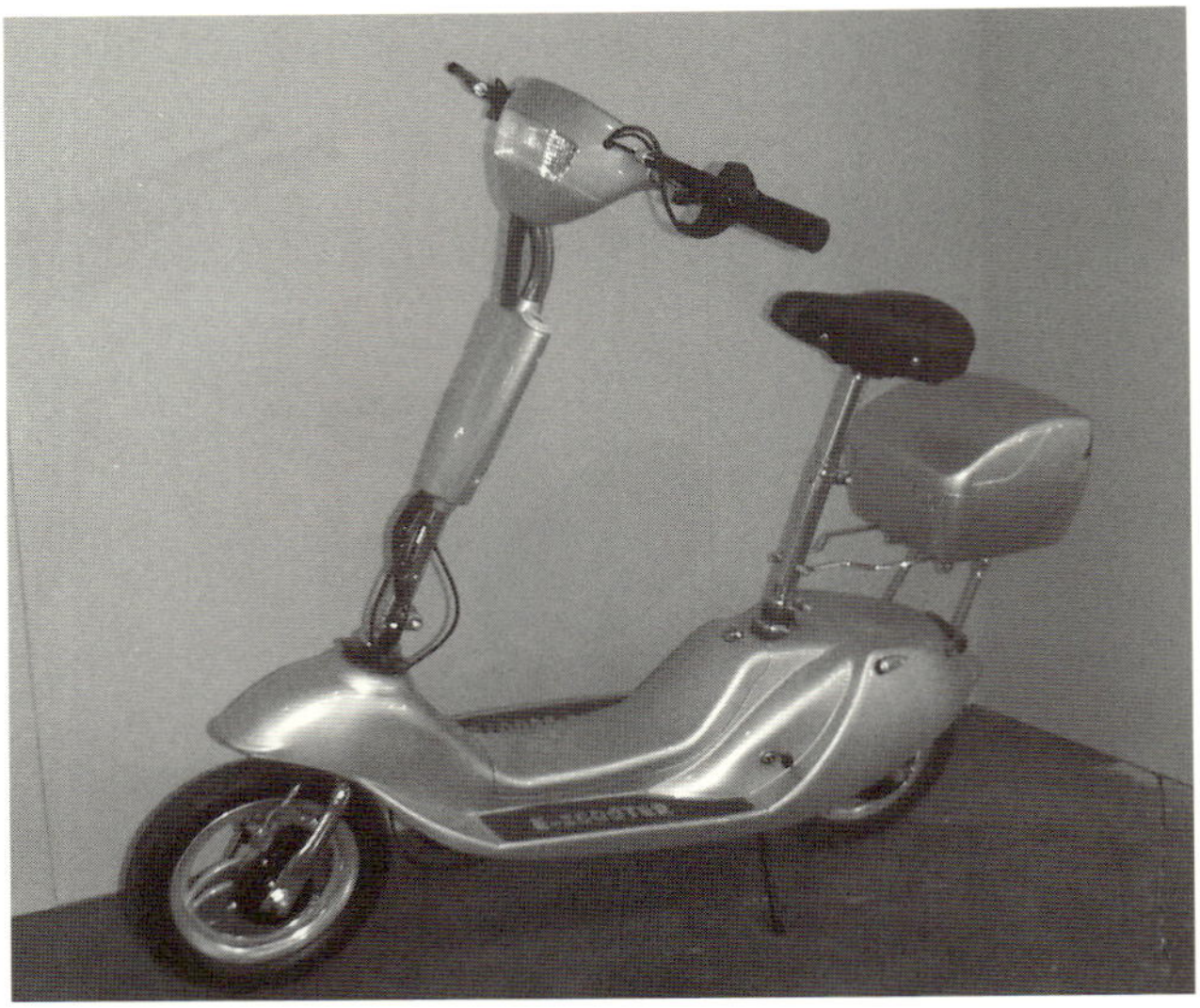

【資料 20】

【資料 21】

工作機械の中でも、負けたなというようなデザインがときとしてあります。一方で、まったく理解できないものもあります。資料21は、私にはまったく理解できません。イタリアでの展示会の会場はフィエラというところで、そこの前にホテルがあるのですが、なぜこのホテルが斜めに傾いていなければならないのか。イタリア人は平然とこのようなデザインをして、これは僕がちょっとイタリアの人に聞いてみたのですが。部屋はやはり一応平らなのだそうです。

ただ私は、イタリアのデザインセンスはなかなか優れたものがあるのではないかなと思っております。

大友

先ほど私、よく知らないで、工作機械の前の前は鍛冶屋ではないかといったのですが、これは誤りでした。

長江

そんなことはありません、鍛冶屋です。それはもう間違いなく鍛冶屋です。ただその鍛冶屋になる前、鍛冶屋というのはどうやってできたか、ということをいろいろ考えなければいけないですが、一番最初は木材です。木材でモノをつくるのです。木材を加工するのに、五〇〇〇年ほど前の人は石器でやっていたのですが、青銅器時代が来て鉄器時代が来ますよね。鉄器はおそらく紀元前一二〇〇〜一三〇〇年に、今はトルコのヒッタイトでつくり始められました。ヒッタイトの滅亡とともにその技術が世界に広まります。日本では、弥生時代におそらく朝鮮から技術が伝わってきて、出雲などで広く鉄器がつくられるようになります。中部地方だと飛騨ですよね。飛騨の匠。

平安時代には、税金は租庸調で、祖はお米、庸は働く、調は織物です。飛騨の人はお米もとれなければ何もないので働きに行きます。都へ寺社仏閣をつくりに行くわけです。つくりに行くときに刃物は持って行きます、当然のことながら刃物は自作です。だから飛騨の農家の人は自分で鍛冶仕事をして鉄をぽんぽんとたたいて、刃物をつくるのです。そういう、人のモノをつくる力が、時計をつくったり繊維機械をつくったりしたのです。

豊田佐吉さんのつくった最初の自動織機というのは、名古屋市内のトヨタ産業技術記念館に置いてありますが、その織機の九〇％は木材です。ただその一番深層部のところだけが金属・鉄でできています。当時は鉄がびっくりするぐらい高かった。だからものを早くつくろう、速く動かそうとしたときには木材ではもたないものですから、やはり金属にしなければいけないが、非常に高かったので、少ししか使えなかった。それがコークスによる製鉄が普及して、どんどん使えるようになったのだ、というふうに思います。

A・ヴォルペ

先日のヤマザキマザックへの訪問で、非常に美しい、古いものから始まる工作機械のコレクションを見せていただいて、非常に印象的でした。

一つ興味のある点として、虎屋文庫のようにマザックでも紙に書かれた文書のコレクションというものはございますでしょうか。設計図等々ですが。

長江

設計図はもちろんあります。ただ、どちらかというとモノを大事にする方でして、モノで残すことを主眼にしております。ですから古い図面を大事にとっておくかというと、あまり大事にはしていません。どちらかというと、古いものは大切にするけれども、古い紙は捨てるというか。

先ほど虎屋さんが、紙の方が保存期間が長いといわれましたが、確かにそうかなという気はします。墨で書いた書類は三〇〇〇〜四〇〇〇年残っているわけですが、今のパソコンが三〇〇〇〜四〇〇〇年後に残っているかというと、それはどうもあやしい話ですよね。そういうふうには思います。

梅本

私は金型のメーカーに二〇年ほど勤めておりまして、そのときは工作機械というのは、緑かグレーの地味な色でしたが、最近御社ではイタリアの車メーカーにおられたデザイナーが、工作機械をデザインされているとかで、最近非常に美しい仕上がりなのですが、工作機械はなぜそういうふうに、現在の白と黒の美しいデザインになったのか、そういういきさつを伺いたいと思います。

一九六〇年代後半には、日本のデザイナーがオリベッティのシンクセンターをデザインしていたという記録があるのですが、そのへんのこともちょっと伺いたいなと思います。

長江

緑色とかネズミ色で機械ができていた時代、入社した頃はみんなそうでしたから。それでずっとやっていけたら、それでよかったのですよね、だけどさっきいいましたように、競争が結構激しいですから、韓国の人も来るし、台湾・中国の人も来ますよね。それからもちろんドイツ人・イタリア人も、一生懸命工作機械つくっておられる。そういう中でわれわれが、どういうものをつくっていくのが良いのか。

一番最初は機能だけを追求して、それが機能美だとうそぶいていた時代があるわけですが、やはりデザイナーの力を借りて機械をつくってみると、その方が美しい、その方がお客さんにとって使い勝手が良い、喜んでもらえる。それならそういうデザインを採用しようということになったわけです。

デザイナーも、この三〇年ぐらいの間に何人か変えましたけど、現在の人は奥山清行氏といいます。イタリアでフェラーリのデザインをやっていた方が日本に帰って来られてデザイン工房を開いておられるので、その方の考え方に結構共鳴して、当社の工作機械をデザインしてもらおうということになったわけであります。

からくり人形と日本のモノづくり

末松　良一
九代玉屋庄兵衛

私は名古屋大学工学部機械工学科の教員を三五年ほどやってきた者です。私が子ども時代を過ごした町にも山車からくり祭がありました。それは当然あるものとして、特にからくり人形にそんなに強い関心を子どもの頃から持っていたわけではありません。そのきっかけになったのは日本で若者の理工系離れが深刻になったことでした。教育現場から子供たちが手を動かして工作をする時間が徐々に消えていきました。そんな中でメカの楽しさ、仕組みの面白さを若者に伝えようと、この地方の特徴である「からくり」に辿り着いたのです。

今日の講演は九代目玉屋庄兵衛さんとご一緒ですが、これまでに海外一二ヵ国二〇都市で玉屋庄兵衛さんとからくり公演させていただきました。その度に外国の方々は、初めて見るからくり人形にもかかわら

からくり人形に学ぶものづくり

尾陽木偶師　九代　玉屋庄兵衛
愛工大　客員教授　末松　良一

- ロボット王国日本
  日本人のロボット観を育んだからくり人形
- からくりとは？
  九代目によるからくり人形の実演解説
- 江戸からくりはどのように発展したのか
- 伝統技能は創造の知恵袋
- からくり改善ものづくり

【スライド１】

ず強い興味と関心を持っていただきました。ぜひ日本の素晴らしさの一つであるからくり人形を、できるだけ多くの人に見ていただきたいと思っています。

それでは今から三〇分ほど、私がこのパワーポイントを使ってからくりの簡単な歴史・仕組みなどをお話し、それから九代目による実演解説にバトンタッチしたいと思います。どうぞよろしくお願いします【スライド1】。

今パンフレットが回っていますけれども、九代目は今から一年三ヵ月ほど前（二〇一一年一一月）、イタリアのトリノ市にたくさんのからくり人形を出展し、世界初の「からくり展」が開催されました。そのときの写真を最初にご覧下さい。名古屋市とトリノ市は姉妹都市ですし、そのイベントの一つとしてトリノ市の東洋美術館でからくり展が開かれました。九代目の実演写真です。非常に好評だったと聞いております【スラ

【スライド2】

イド2】。

最初に、日本人はロボットが好き、ロボットに愛着・親しみを持つ国民であるといわれています。これは世界中で日本が唯一といえるのではないでしょうか。その証拠に日本人は子どもから大人まで、ロボット（鉄腕アトム・鉄人28号・マジンガーZ）を正義の味方、誰にも愛されるヒーローとして受け入れています。

このスライドの右端にスーパーマンがいます。彼も正義の味方ですし超能力を持っていますが、ロボットではありません。遠い星から地球へやってきた無敵な男、宇宙人という設定でなければ正義の味方として受け入れられない、西洋の慣習があるからだと思います。この事実も日本がロボット王国といわれる一つの証拠だろうと思います【スライド3】。

もう一つ、産業面において工場で塗装をする・溶接をする・組み立てをする、Industrial robot(産業用ロボッ

【スライド３】

ト）の稼働台数が一九八〇年代から現在に至るまで世界断トツを続けています。アメリカ、ヨーロッパ、ドイツ、イタリアなどの国々に比べて断トツになっています。その一番の理由は、日本人がロボットに対して愛着・親しみを持っていて、工場の作業者がロボットを受け入れ、喜んでその世話をすることにあると思います【スライド４】。

実際これはトヨタ自動車で導入された産業用ロボットに、工場内の作業者がニックネーム（あだ名）を付けたものです。〝花子〟、〝（よく働く）勉くん〟、〝イソギンチャクのお浜〟、安川電機の赤いロボットで、切り屑をエアーで吹き飛ばし掃除までする。よく働くなあ、よくできているなあと作業員がニックネームでロボットを呼ぶ。そして喜んで毎日稼働するように世話をする。これは日産でもほかの日本の会社でも、あだ名を付けるというのは結構行われていました。こんなこと

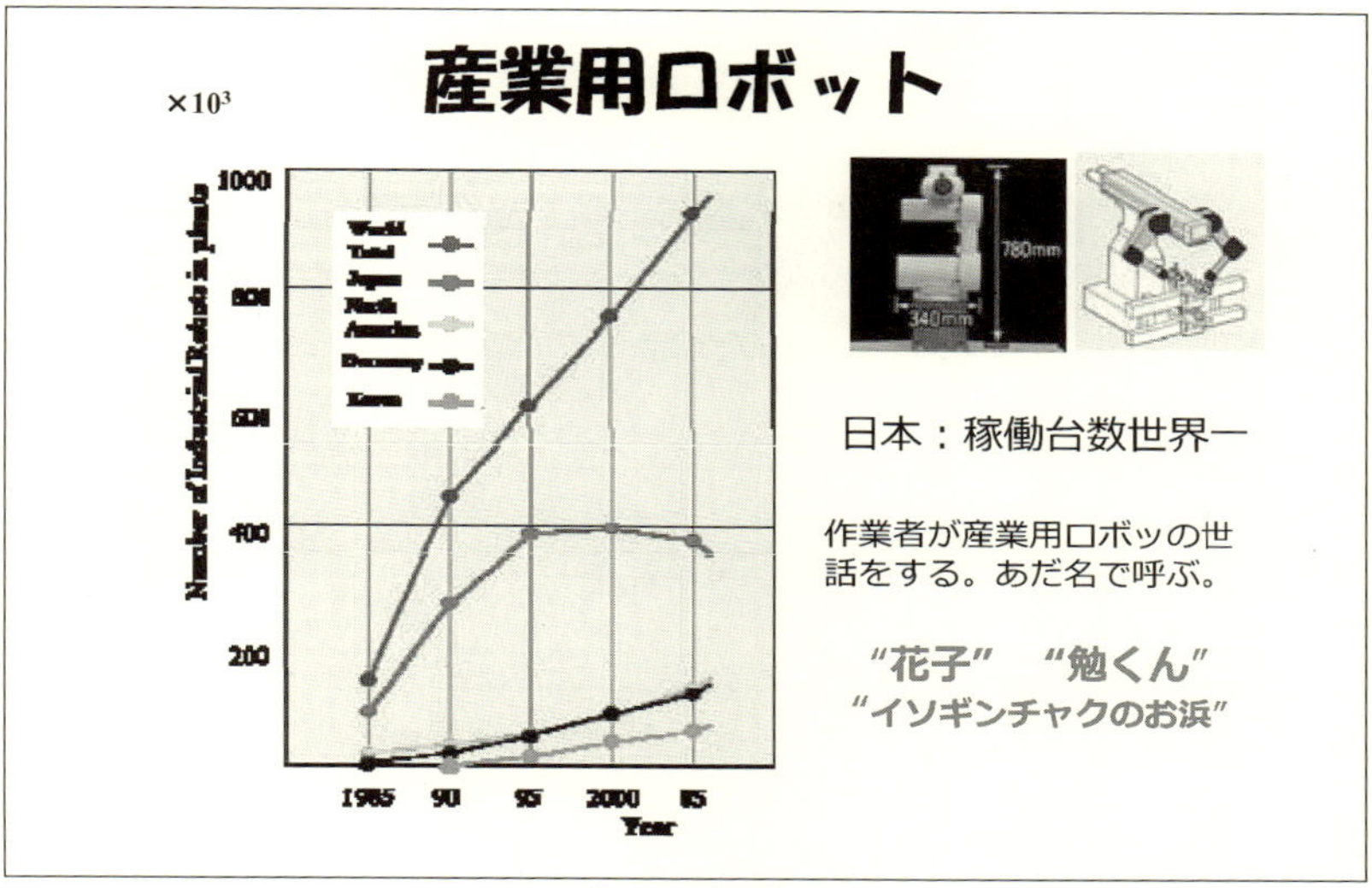

【スライド４】

はアメリカやヨーロッパ、西洋の工場ではなかなかない。これも日本が、ロボット王国といわれる所以の一つだろうと思っています。

そして、もう一つはロボコン（「ロボットアイディアコンテスト」）と呼ばれ、高専（高等専門学校）ロボコンが今年二六回目になりますけれども、創造性教育の実践の場として一九八七年に導入されました。ロボコンも日本発で今では高専から大学、中学校、工業高校、そしてアジア版、さらに世界大会のロボカップのように広がっています。また、ロボットコンテストを各企業内でやっているところもたくさんあります。これも一つの社会現象として日本がロボット王国、日本人のロボット好きの証拠ではないかと思います【スライド５】。

そして、なぜ日本人がロボットに対して親しみ・愛着を持つようになったのか、それはからくり人形にあ

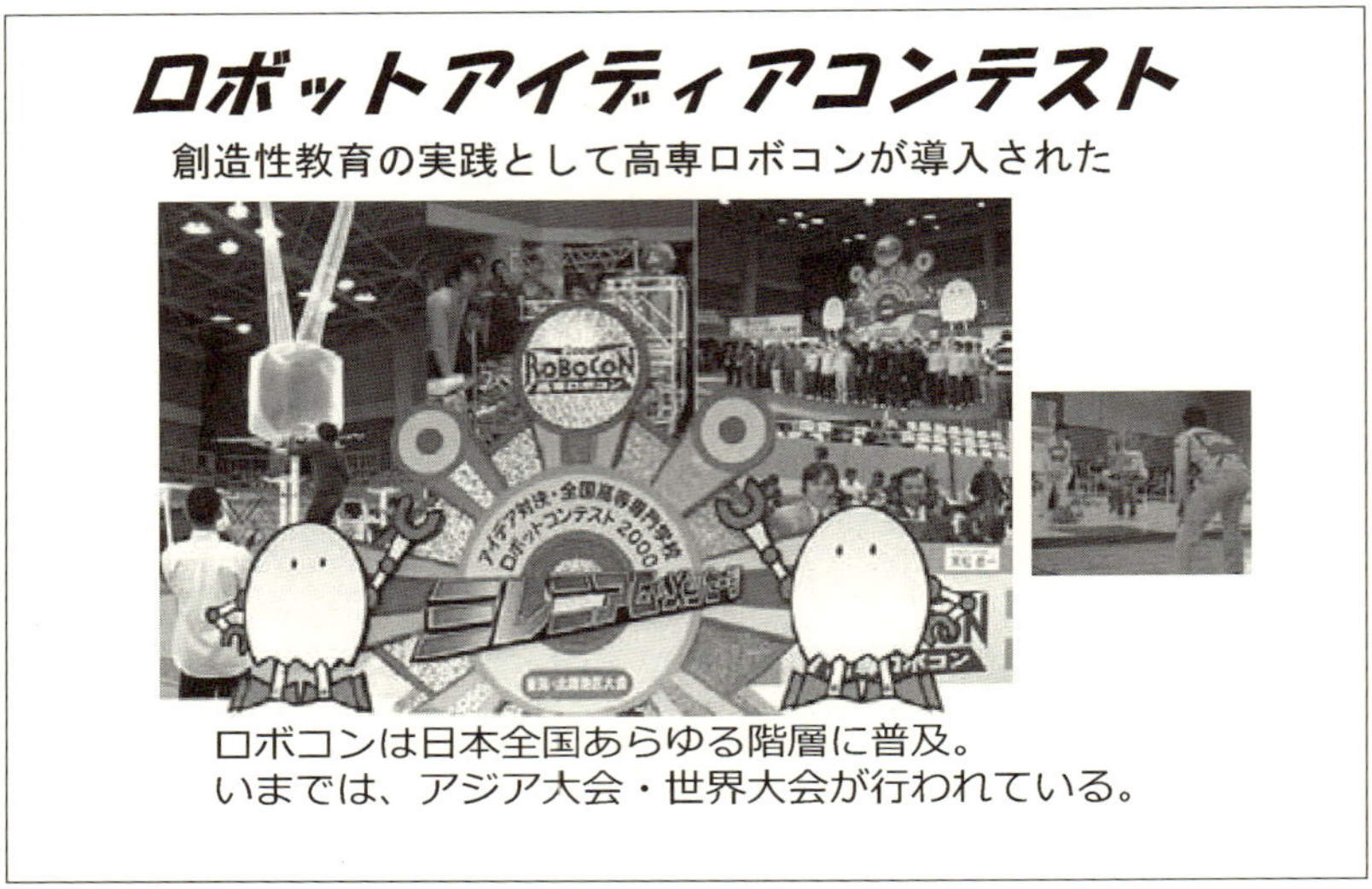
ロボットアイディアコンテスト
創造性教育の実践として高専ロボコンが導入された
ROBOCON
アイデア対決・全国高等専門学校ロボットコンテスト2000
ロボコンは日本全国あらゆる階層に普及。
いまでは、アジア大会・世界大会が行われている。

【スライド５】

るということを、最近では私だけではなく多くの方々が指摘するようになりました。

それで、からくり人形とは？　からくりとは？　これからはぜひKARAKURIという言葉が国際語（インターナショナル・ワード）として広がり、からくりが日本の特徴の一つになってほしいと思っていますし、そうなることを期待します【スライド６】。

江戸時代、からくりという言葉は広い意味で使われていました。機械装置全般・動く機器・メカニズム・仕掛けあるいは仕組みなどを代表してからくりといわれていました。狭義には、からくり人形を意味しました。

からくり人形といいますと、下にあるように三つに大別されます。重力とか、ゼンマイの力で動く自動人形（西洋のオートマタのようなもの）から、観客から見えないところで人が糸や差金で操る舞台からくりと

からくり・機巧・機関・絡繰
・機械装置、メカニズム、仕掛け、トリック
・自動人形
木製ロボット　（重力、ゼンマイなどを動力源）
（糸や差金で人が遠隔操作する）

【スライド６】

山車からくりです。この地方にいまなお多く残っている山車からくり祭は、毎年のお祭りでからくり人形が主人公になっており、これが今回のテーマである「技術伝承」に非常に貢献しているのです。

今日は幾つかのからくり人形を持って来ています。山車からくりの実物は大きいので小さく作ったものを持って来ています。九代目があとで紹介してくださいます。

家の中で楽しむからくりを座敷からくりといいます。代表的なものをこのスライドに示します。三番叟《さんばそう》を踊るDancing Doll の三番叟人形（左端）、茶運び人形（Tea Serving Doll）、そしてこれはMagician Doll で品玉人形といいます。あるいは笛と太鼓の鼓笛人形（Drum and Fife Doll）だとか、それに座敷からくりの最高傑作、九代目が復元された弓曳き童子だとか、鯉の滝登りなどが代表的なものです。このような座敷からくりがいつ

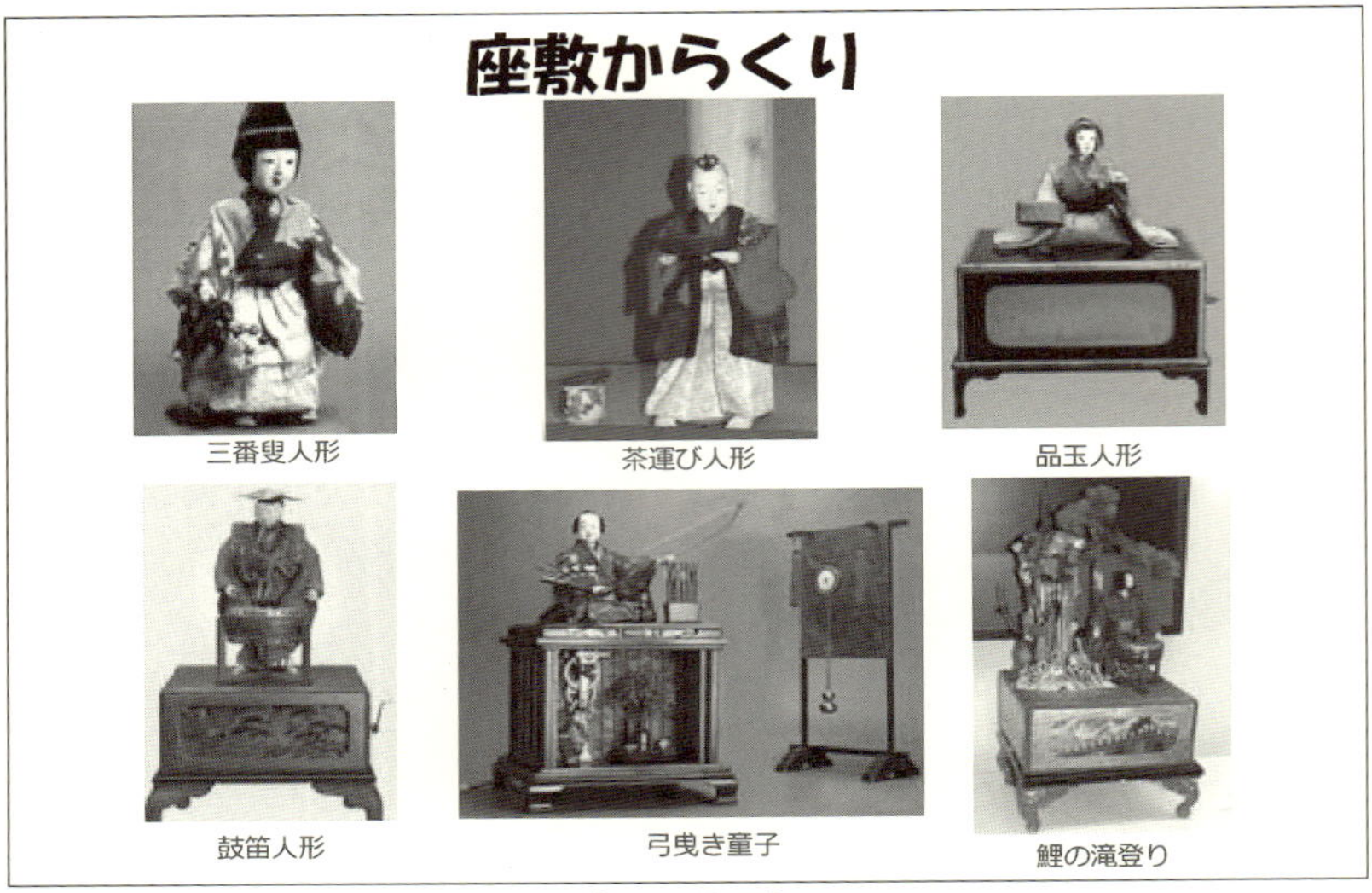

【スライド7】

頃日本に現れたのかといえば、それは江戸初期です【スライド7】。

これが江戸時代に書かれた『絵本菊重ね』という絵本からの挿絵です。人形好きの一見公家風の人が、夜な夜な友達を誘って、からくり人形で遊んでいる姿を表しています。ここに茶運び人形があります。品玉人形、三番叟を踊る人形なども描かれています。座敷からくりの初期には、このように大名、公家、お金持ちの人たちなどの社会で普及したのだろうと想像します。その辺の事情は西洋のオートマタ（自動人形）が王侯貴族だけの閉じられた社会で流行ったというところと似ているのですが、日本ではすぐ庶民に浸透していくのです。この辺が日本の素晴らしいところではないかと思います【スライド8】。

座敷からくりの代表的存在である茶運び人形が、いつごろ現れたかという答えは井原西鶴の詠んだ句にあ

座敷からくりの台頭
公家、大名、豪商など限定社会で普及
“絵本菊重ね”より

【スライド８】

ります。茶運び人形に関する最古の文献が、西鶴の句〃茶を運ぶ人形の車はたらきて〃です。井原西鶴の活動年代から見て、一七世紀後半にはすでに茶運び人形が現れていたといえるのです。あとで九代目玉屋庄兵衛さんが実演して、中身もメカニズムも説明してくださいますので、それをお楽しみに。西鶴は茶運び人形の仕組みの素晴らしさ、特に歯車の動きが素晴らしいと感心して詠んだのです【スライド９】。

一方、江戸の末期に活躍した小林一茶の句に〃人形に茶を運ばせて門涼《かどすず》み〃があります。この句は、庶民派で農民の生活を好んで詠んだ一茶が、茶運び人形を題材に江戸の神田町で詠んだといわれていますが、私はこの句を茶運び人形が広く庶民に知られていた証拠であると紹介しています。茶運び人形自体は今でも高価です。けれども多くの庶民が、茶運び人形がどういうものか、どういうからくり人形であるかを知ってい

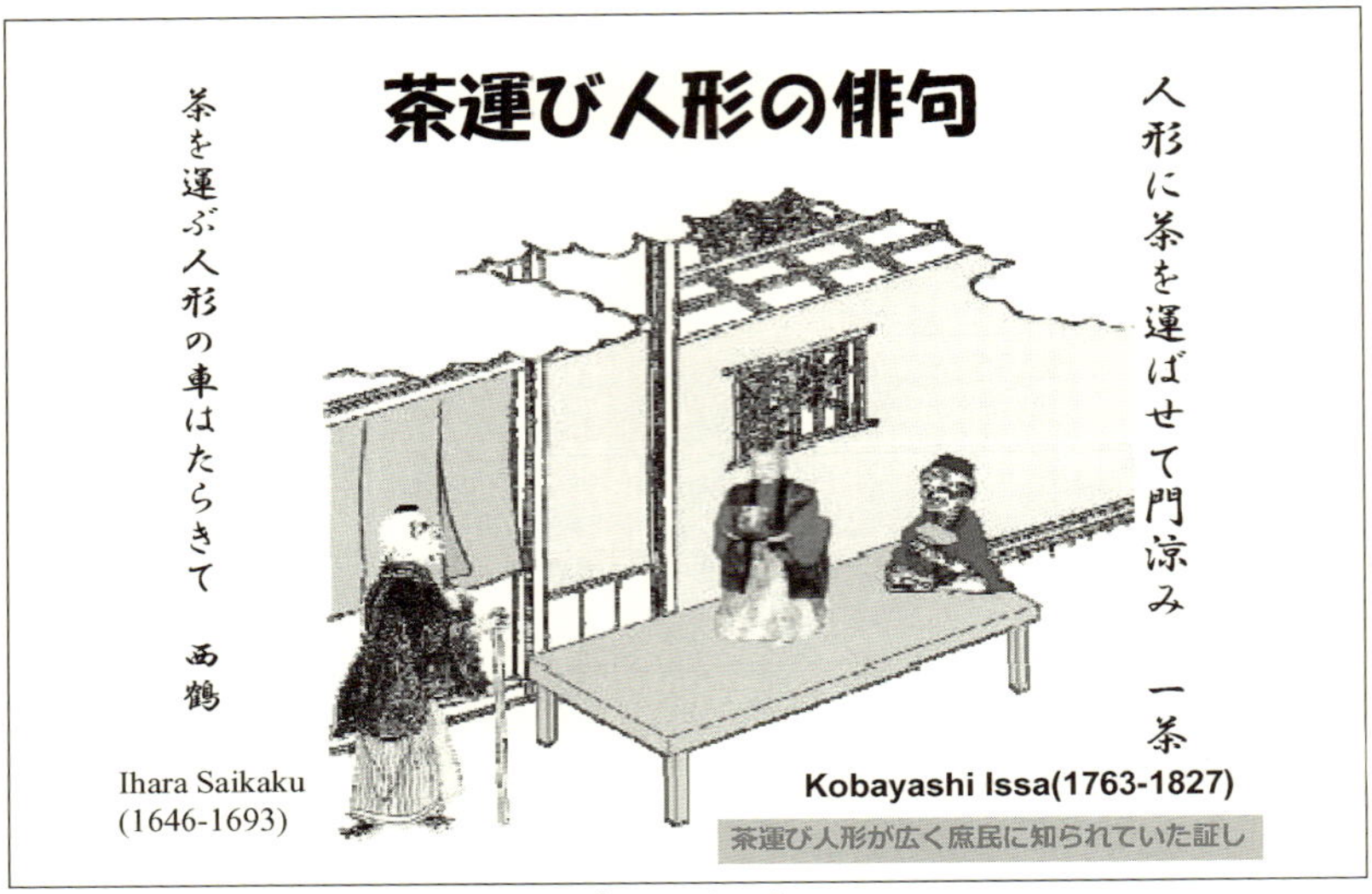

【スライド９】

たのです。だから、小林一茶はこの句を題材にしたと私は思っています。

どうやって知ったのか。からくり人形が庶民に浸透する一番のきっかけになったのが舞台からくりの登場です。

一六六二（寛文二）年に大阪・道頓堀で「竹田からくり芝居」が旗揚げ公演されました。これは道頓堀の賑わいで歌舞伎小屋・見せ物小屋・舞台小屋がたくさん並んでいるところです【スライド10】。

そして、竹田からくりの人形芝居というのはどんなものだったのか。少し見づらいかもしれませんが、からくり演目が一五種類、朝から夕方まで明るいうちずっと上演しました。庶民が木戸銭を払って客席でからくり人形の演技を楽しんだのです。その幾つかを紹介いたします【スライド11】。

この「諫鼓泰平楽」というのは、雄鶏が太鼓の上に

庶民への浸透：竹田からくり芝居
初代竹田近江清房：阿波の国出身
江戸で時計師　子供の砂遊びをみて砂時計を考案、永代時計
京都でからくり人形をつくり、宮中に献上
寛文2年（1662年）道頓堀で「竹田からくり芝居」を旗揚げ
宝永2年（1705年）人形浄瑠璃・竹本座の座元となる
大阪道頓堀の賑わい

【スライド 10】

乗っていて、まず最初に膜をパカッと開けて中がからっぽ（empty space）であることを観客に見せ、その後膜を閉じてお客さんに「今何時《なんどき》ですか?」と聞くと、その時の鐘の数だけ太鼓が鳴るというからくりです。これは竹田からくりの最初に出て来て座頭が口上し、「ようこそ今日は」といっている姿です【スライド12】。

実際からくり人形芝居はどんなものかというと、一つの演目が「吹矢的なには扇」で、からくり人形が吹き矢で扇的を射落とすものです。これは玉屋庄兵衛さんも五年ほど前に復元されており、いずれご覧になる機会があると思います。そしてさらに、次の吹き矢でろうそくの芯《しん》を吹き消すというのがこれです。吹き消されたろうそくの燭台《しょくだい》がパカパカパカッと組み立てられて、行灯《あんどん》になります。燭台の竿《さお》の中からアサガオの骨組みが現れ、紙を貼り、火を灯す細工です。最後には消えたはずのろうそくに火が灯る。こんなからくり

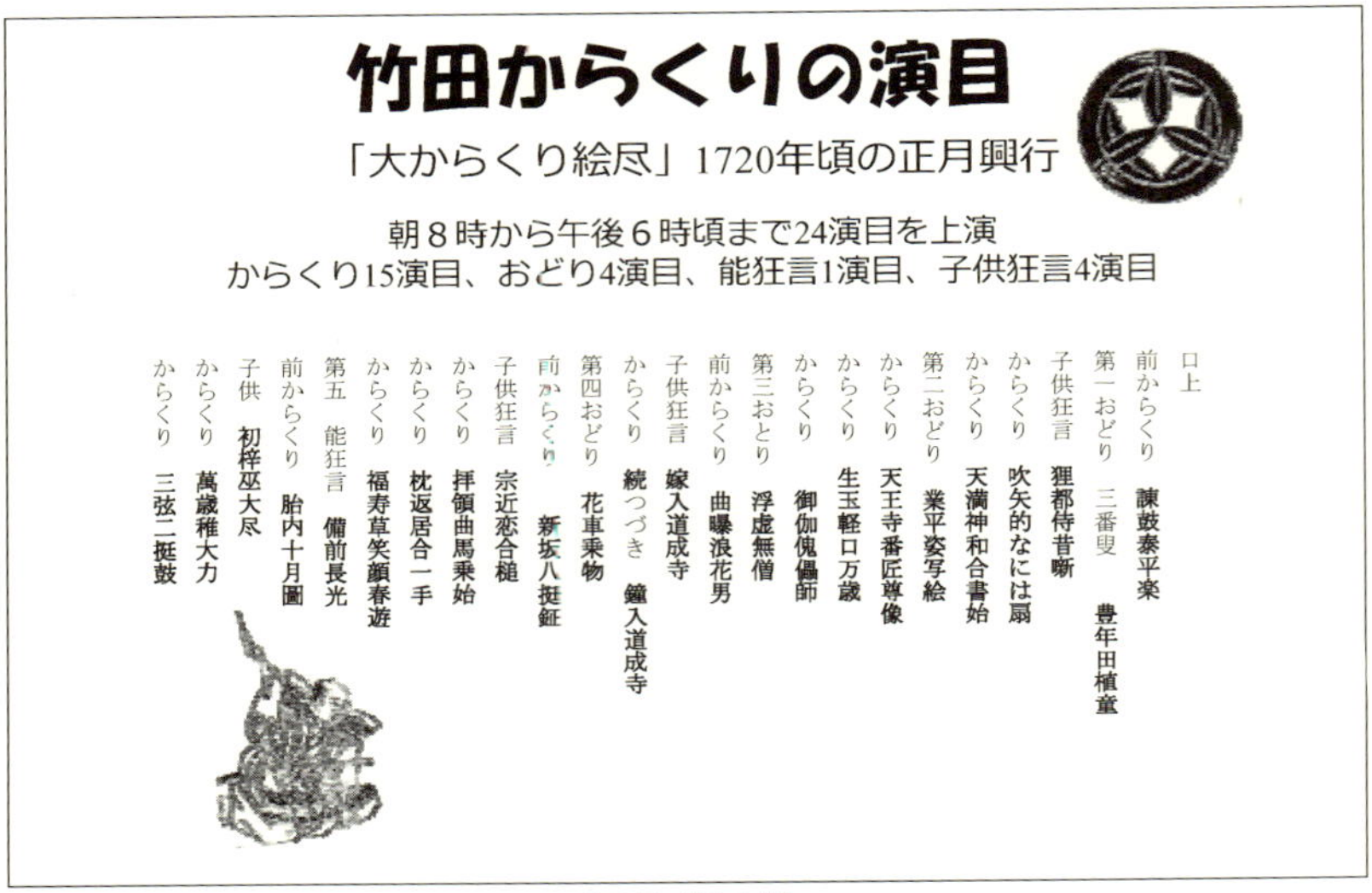

【スライド 11】

が一つの演目です。皆さんもぜひ見たいと思っているでしょうけれども、そのうちに九代目が見せてくれるはずです。

さらには、このように口と両手で三本の筆を持って、梅・桜・松と書きます。これが一つの演目になります。その下にロープを張った綱渡りの人形が逆立ちして渡っていく、こんなものも一つの演目（「天満神和合書始」）です【スライド13】。

次が、「枕返居合一手」という演目です。江戸時代の枕（pillow）は非常に硬い。枕を積み上げて、そのてっぺんに下駄を履いたからくり人形が一本足で立っています。ここからスタートして、刀を抜いて居合い抜きをするからくりです。そして振りあげた左足で下の枕を蹴落として、だるま落としのように下へ降りて行くという演目です。

こんなからくり演目が一日に一五演目ほどありまし

【スライド 12】

た。これが非常に評判を呼んで、竹田からくり芝居は、全国に広がり巡業公演されました。もちろん、名古屋地区でも何回も上演されています。この竹田からくり芝居が、庶民がからくり人形を楽しみ、からくり人形が庶民に浸透するきっかけになったのです。

　これも素晴らしい「拝領曲馬乗始」という演目ですが、からくり人形が馬に乗って輪乗りをします。その後馬を降りて、この篭《かご》抜けという曲芸、せまい篭を人形が右から左へ抜けます。そして両手を伸ばして撞木《しゅもく》、ブランコのような horizontal bar をぐっと握ってスイングをします。最後が圧巻、生きた犬の背中に飛び乗って楽屋へ消え去ります。こんなことができるのかと思わされます。竹田からくりの引札（広告ちらし）に、何回も出てきますから間違いなく上演したのです。この「チン」という犬は、日本原産の犬です。江戸時代、一七世紀の後半にはいたのです【スライド14】。

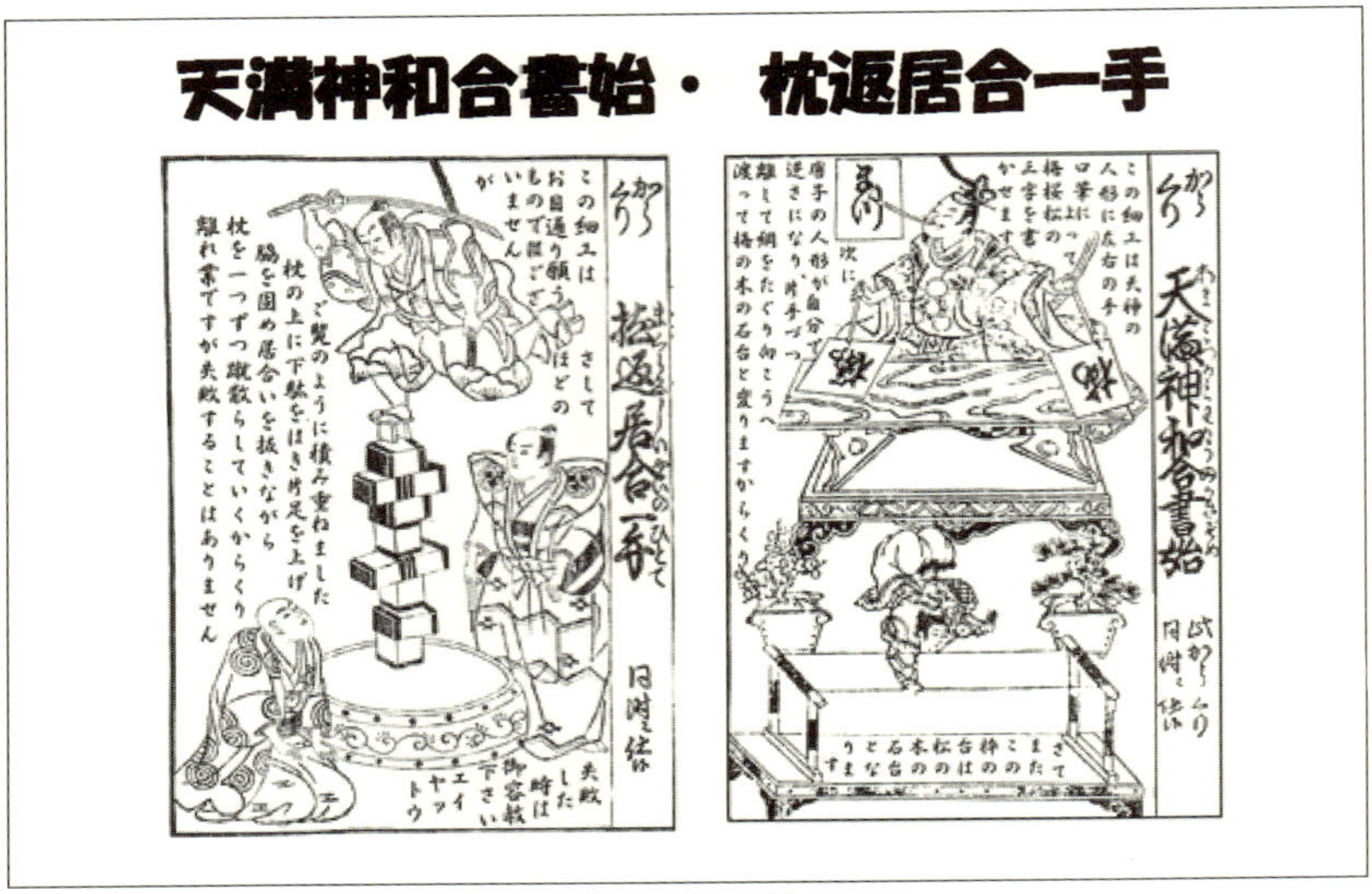

【スライド 13】

実は愛知万博のとき、九代目にぜひこれに挑戦してくださいとお願いしました。そのときには「皆さんがやれといえばどんな竹田からくりも復元しますよ」といわれていました。

最後に、これも有名な絵です。三人のオランダ人が長崎・出島に新しく着任して、江戸の将軍に挨拶に行く道中、摂津（大阪・神戸辺）で竹田からくり芝居を見たときの様子を描いた絵です。〝オランダが足もかがまぬ目で見れば天地も動く竹田から〱り〟と書いてあります。三人のオランダ人がびっくりして座るのを忘れている、その演目が「船弁慶《ふなべんけい》」という演目です。皆さん、今から三〇〇年以上前のオランダ人になったつもりで、この「船弁慶」を見てください【スライド15】。

船で長旅して着いたオランダ人が日本で竹田からくりを見たとき、本当にびっくりしたと思います。船には弁慶と義経、船頭の三人が乗っています。突然、

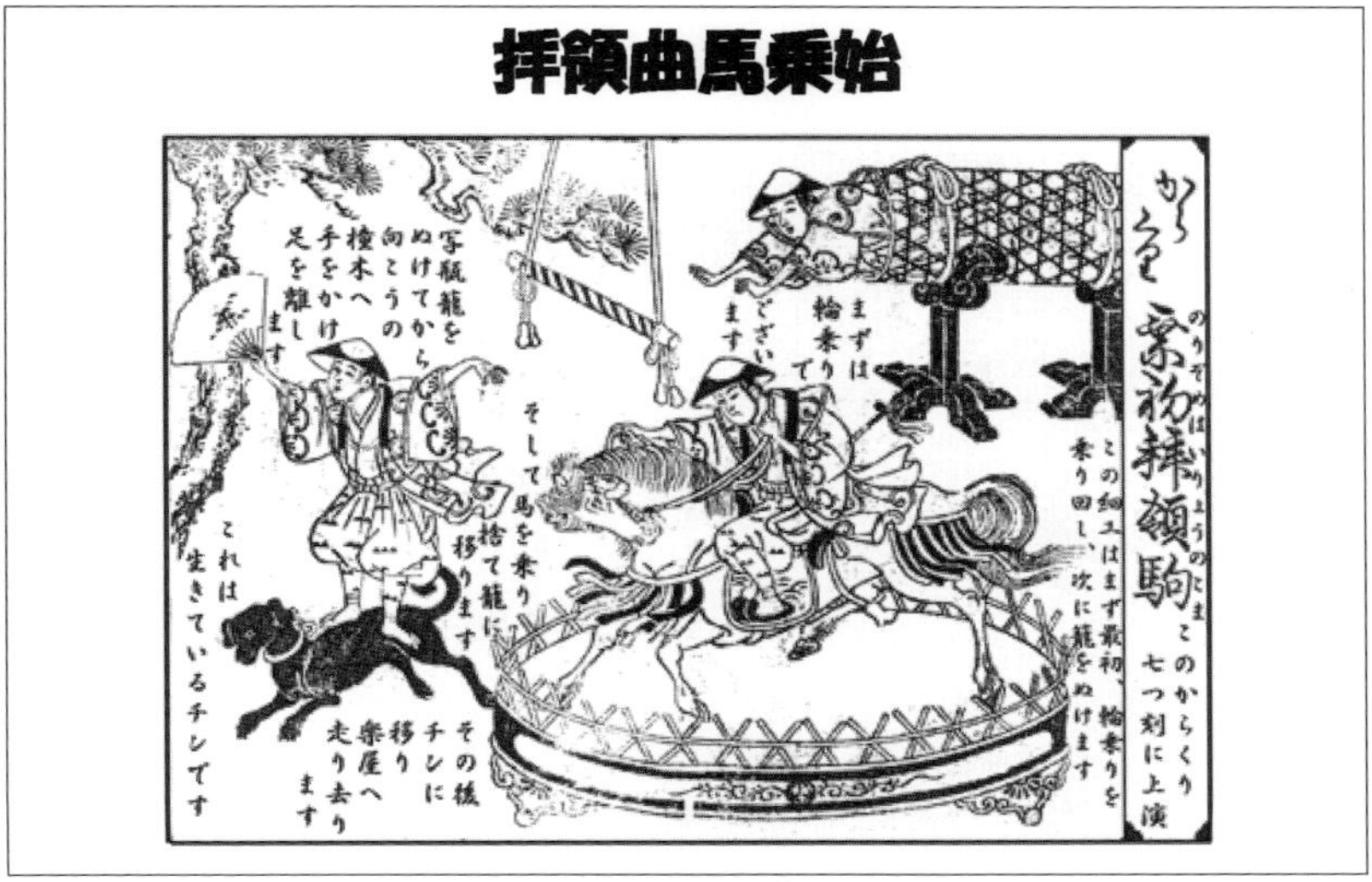

【スライド 14】

平知盛《たいらのとももり》の亡霊が現れて海が荒れる。それを弁慶が立ち上がって念仏を唱え、海を鎮めるという場面です。私がタイムスリップして、この映像を撮影してきたと思われますか？　この「舟弁慶」という演目は、半田潮干祭の田中組の山車に引き継がれているのです。このように、竹田からくりの出し物が、山車からくり祭の上山で、観客に披露されているのです。この地方の特徴でもあります。あとでもう一度説明いたします。

山車からくり祭は、全国で八〇地区ほど毎年のお祭りとして、山車（Festival Float）の上でからくり人形が演じられています。この図を見てわかるように中部地区に多い。さらに愛知県を拡大すればこんなに集中しており、いかに愛知県、旧尾張藩を中心とした地域がいまだに毎年二〇〇年～四〇〇年続く山車からくり祭を継承しているかがわかります。これは素晴らしいことであります【スライド16】。

【スライド 15】

山車からくり祭の分布図を見ると、北は新潟・小千谷、東は茨城県日立風流物、そして西は九州の福岡県八女、南は鹿児島県知覧・加世田の水車からくりです。山車からくり祭があったのは、産業が盛んな地域だったわけです。

中部地区が世界的産業技術中枢圏といわれていること、産業の生産高も愛知県が四〇年近く全国一位でい続けていることに、山車からくり祭が関係していると私は思っています。特にこの地区の山車からくり祭のからくり人形は観客をあっと驚かせる大技を見せる、この地方特有なものがたくさんあります。その幾つかを紹介させていただきます。

なぜこの地区で山車からくり祭が盛んになったのかに関連するのですが、江戸時代の一七二一年に「新規法度」という法令が出たことを知っていらっしゃいますか。新しい器物を一切作ってはいけないという法令

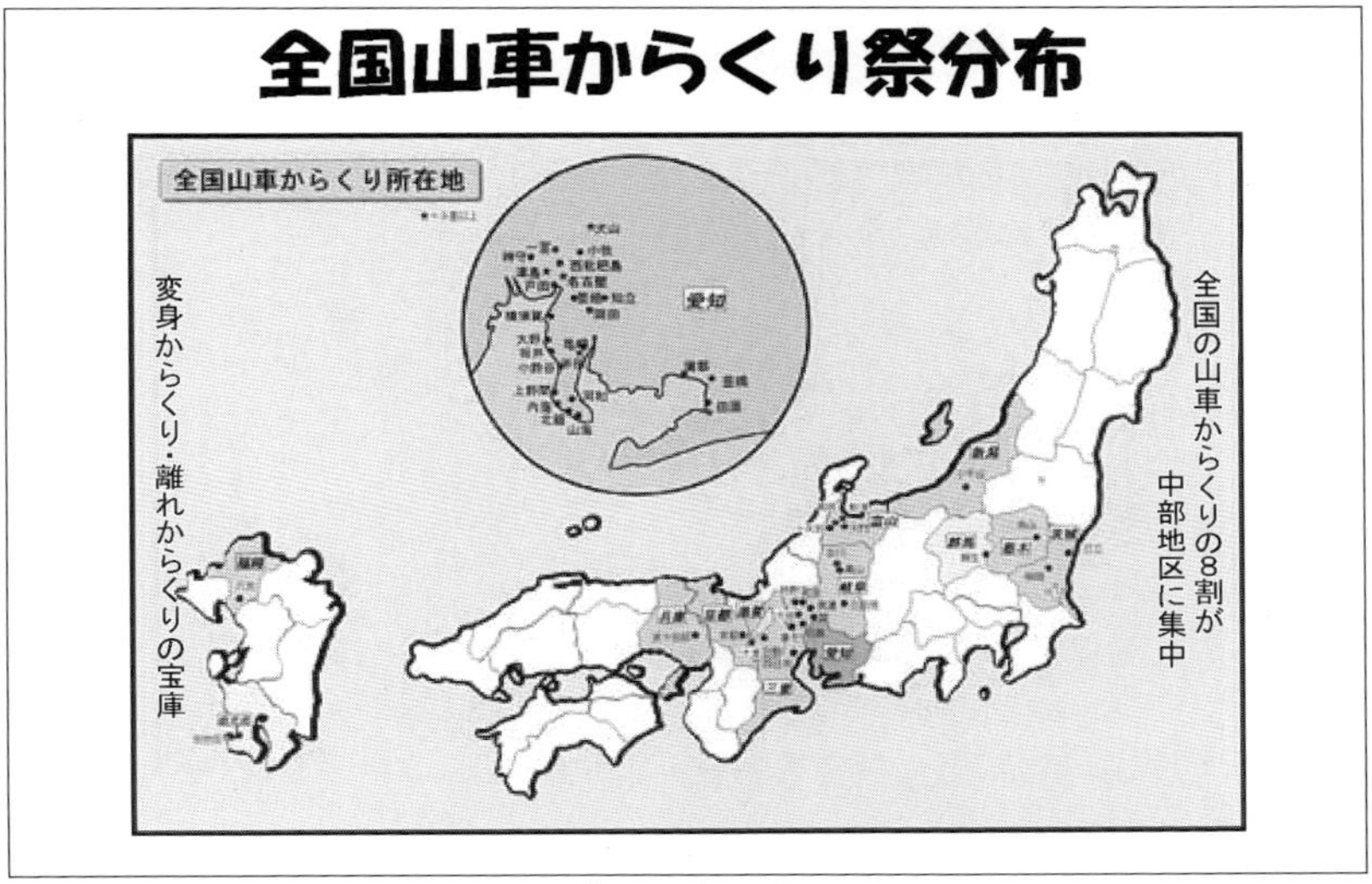
全国山車からくり祭分布
全国山車からくり所在地
変身からくり・離れからくりの宝庫
全国の山車からくりの8割が中部地区に集中

【スライド 16】

です。これは何度も出されました。享保年間のことです。『惣て新規之儀、器物織物之類、一切仕出候事可為無用候』新しい器械を作ってはいけない、新しい織物を作ってはいけない、そういう製造禁止命令、新規法度です【スライド17】。

これは暴れん坊将軍、八代吉宗が享保の改革の一環の倹約令として出しました。新しい物は作ってはいけないなんて、そんな馬鹿げたことをと私は思います。

そのときの尾張藩主・徳川宗春は先見性を持つ文化人で、「庶民とともに世の中を楽しむ」という方針を打ち出しました。しかも「新規法度」自体にも例外事項があって、見せ物の類で新しいことをやっちゃいかんというのはいかがか、『此段は可為格別事』例外事項としたのです。だから日本人の好奇心、そして新しい物を作りたいという意欲が見せ物小屋だとか、からくり人形に入っていったのではないかと思います。

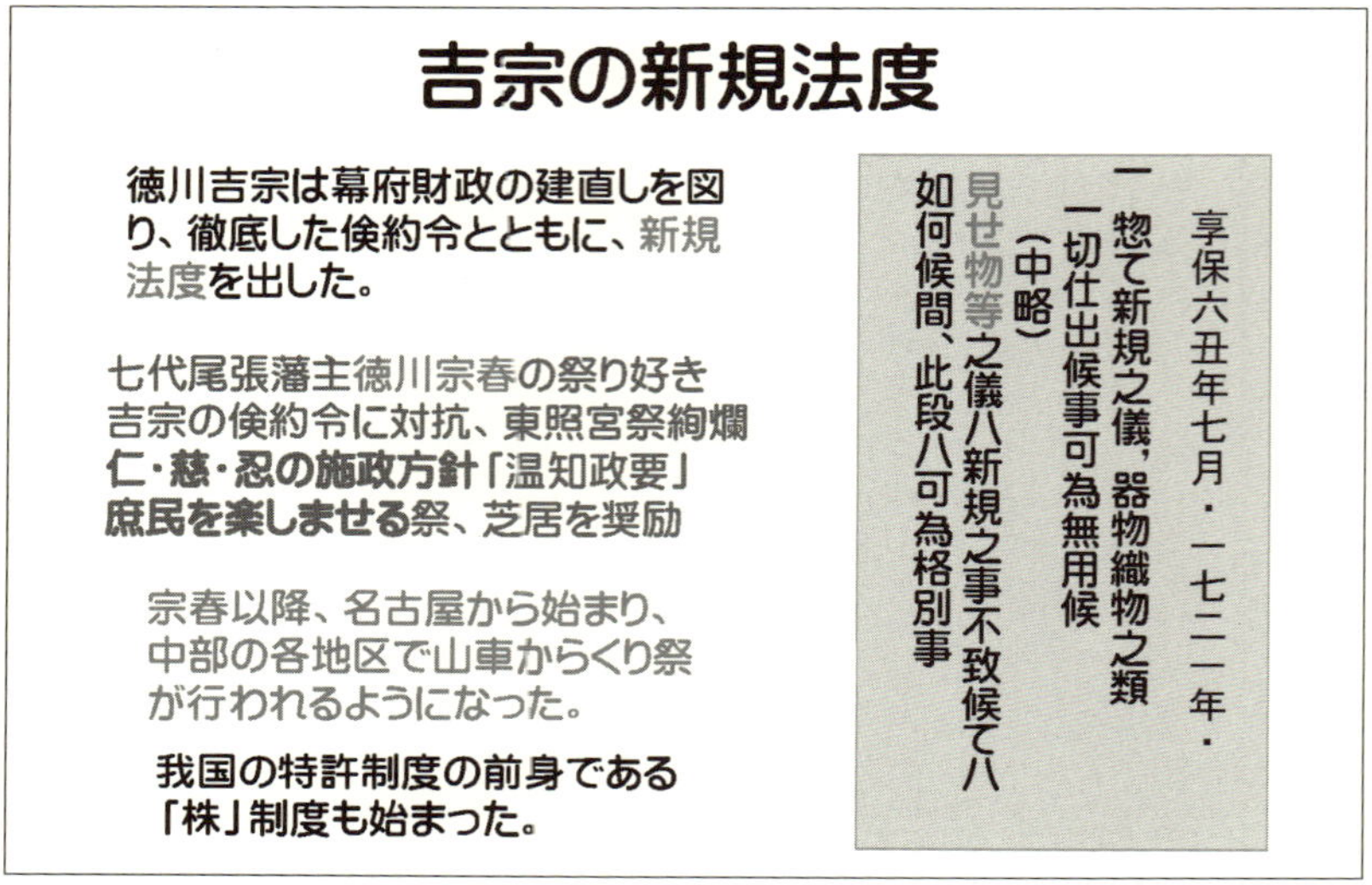
吉宗の新規法度
徳川吉宗は幕府財政の建直しを図り、徹底した倹約令とともに、新規法度を出した。
七代尾張藩主徳川宗春の祭り好き
吉宗の倹約令に対抗、東照宮祭絢爛
仁・慈・忍の施政方針「温知政要」
庶民を楽しませる祭、芝居を奨励
宗春以降、名古屋から始まり、中部の各地区で山車からくり祭が行われるようになった。
我国の特許制度の前身である「株」制度も始まった。
享保六丑年七月・一七二一年・
一 惣て新規之儀，器物織物之類
一切仕出候事可為無用候
（中略）
一 見せ物等之儀ハ新規之事不致候てハ
如何候間、此段ハ可為格別事
【スライド 17】

だけども吉宗の悪口ばかりいってはいけないので、良いことも指摘しておきます。吉宗は倹約令を徹底したわけですが、地場産業の奨励にも力を入れました。千葉のコンニャクイモを発明した農家に、江戸での独占販売株を与える。高松での砂糖精錬技術を確立した人に、大阪での独占販売株を与えるというように、特許制度の始まりともいえる「株」制度が出てきました。このことも興味深いことです。

吉宗の「新規法度」は、綱吉の「生類憐みの令」以上に奇怪な法律だといえますが、この機会にぜひ知っていただければと紹介しました。

山車からくり祭に話を戻しますけれども、この地域には現在まで二〇〇年～四〇〇年続いている山車からくり祭が多くあります。今年犬山祭は三七九回目、終戦後の昭和二一年だけからくり奉納を休みましたが、あとは一回も休みなく続いているわけです。先ほどの

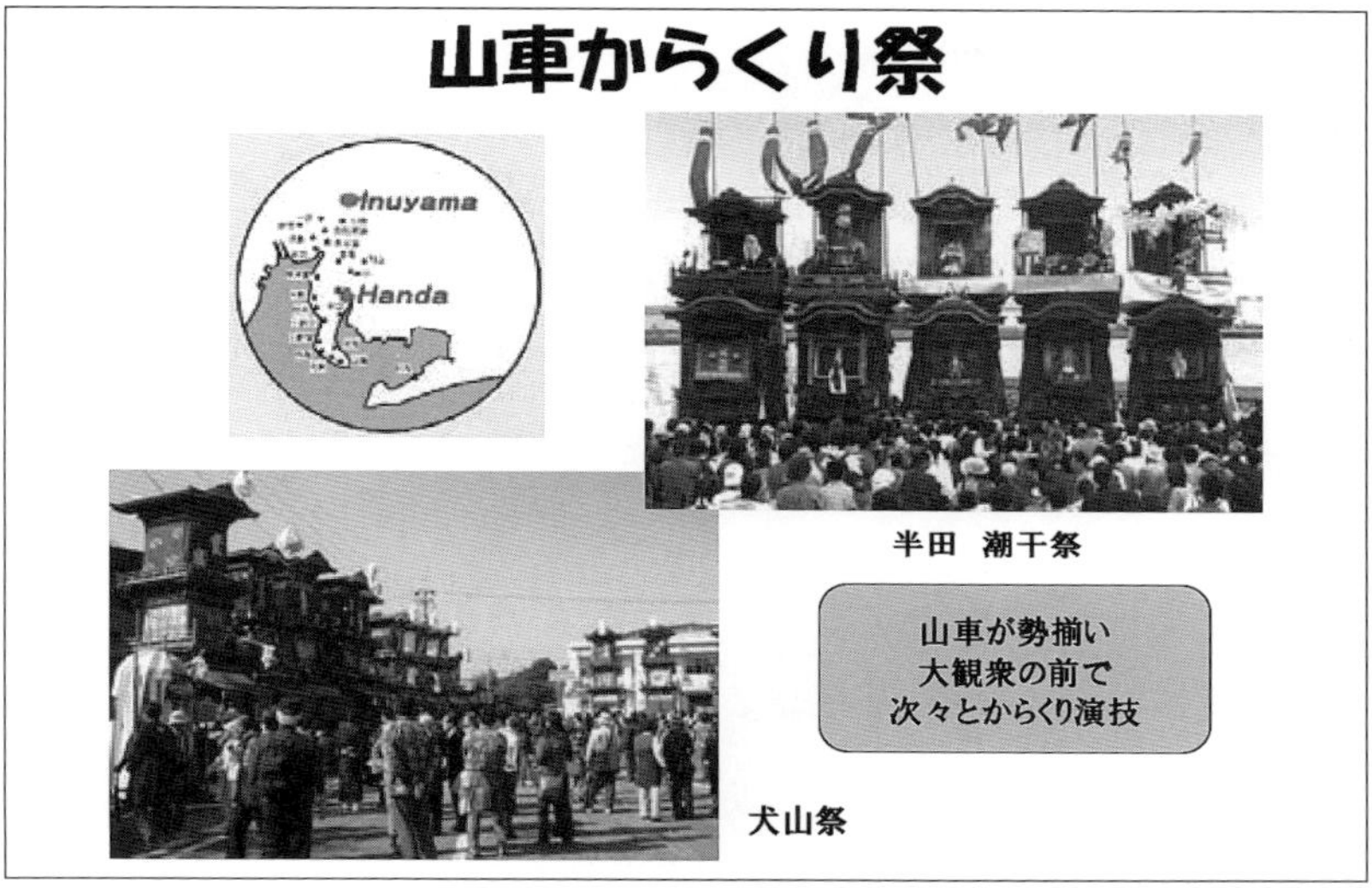

【スライド 18】

「船弁慶」は半田亀崎の潮干祭の田中組の上山演目「傀儡師」、その中で船弁慶が演じられています【スライド18】。

山車からくりとか舞台からくりは、観客から見えないところで人形を操ります【スライド19】。

これもこの地方独特のからくり人形が片手で倒立して、鐘を打つ。これは不思議だと思われませんか。ちょっとここに差金が見えますが、下方の観客からは見えません。こうやって片手で逆立ちします、そして右手で前の鐘を打つ。これは木の上で逆立ちしたりだとか、いろいろなバリエーションがあります。

この種明かしは二本の差金(Inserting Control Bar)です。この差金を人形に差し込む。そして下方の取っ手を引いて人形の手足を動かしたり、首を振ったりします。この片手倒立からくりは、二本目の差金を左手に下から刺します。逆立ちする、鐘を右手で打つ、首を

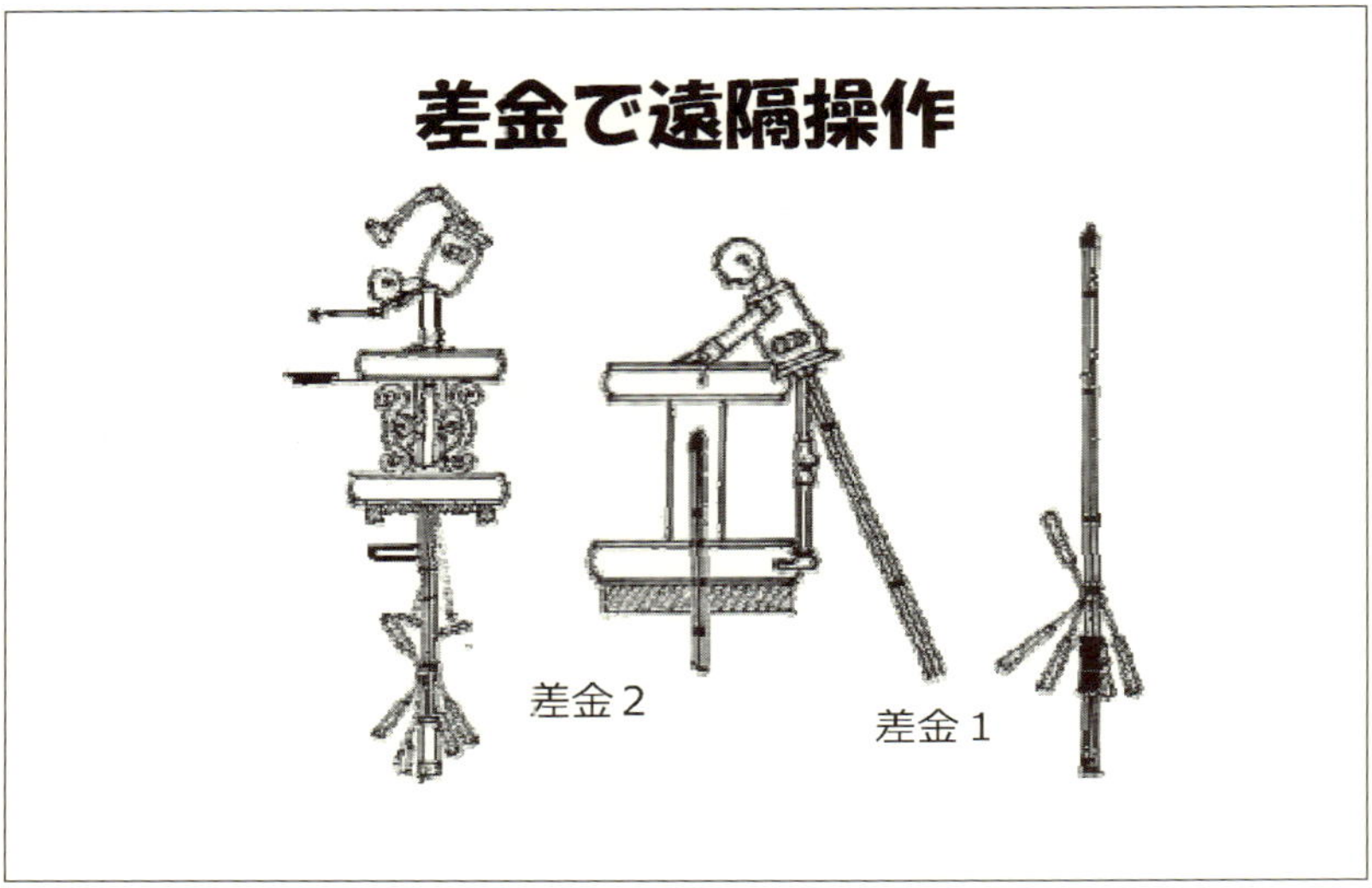

【スライド 19】

振るなどの動作はこの差金で行います。

「綾渡り」(Brachiation) もこの地方独特のからくり技です。空中のぶら下がった枝（綾）を人形が渡っていきます。これはアニメーションムービーです。九代目は、人形の胴体を和紙で作り、軽くて丈夫な人形にしています。ぐーっとここから差金（押し棒）が出て人形を反り返します。三〇本ほどの糸を操って人形が枝から枝へ渡ります。〝綾渡り拍手聞き分け糸を轢く〟これは私が作った句です。何を詠んでいるのかといいますと、人形の動きがどんなに絶好調であっても、スムーズに素早く操るのではなく、前の枝に人形の手が届きそうにない、飛び移れるわけがないと観客をハラハラドキドキさせたところで、ぐっと前に人形の手が伸びて次の枝に渡っていく。演技の「間《ま》」を取り、いかに観客からワアッと大きな感激・感動の拍手を浴びるかという操り方を詠んだ句です。このような叡智が、

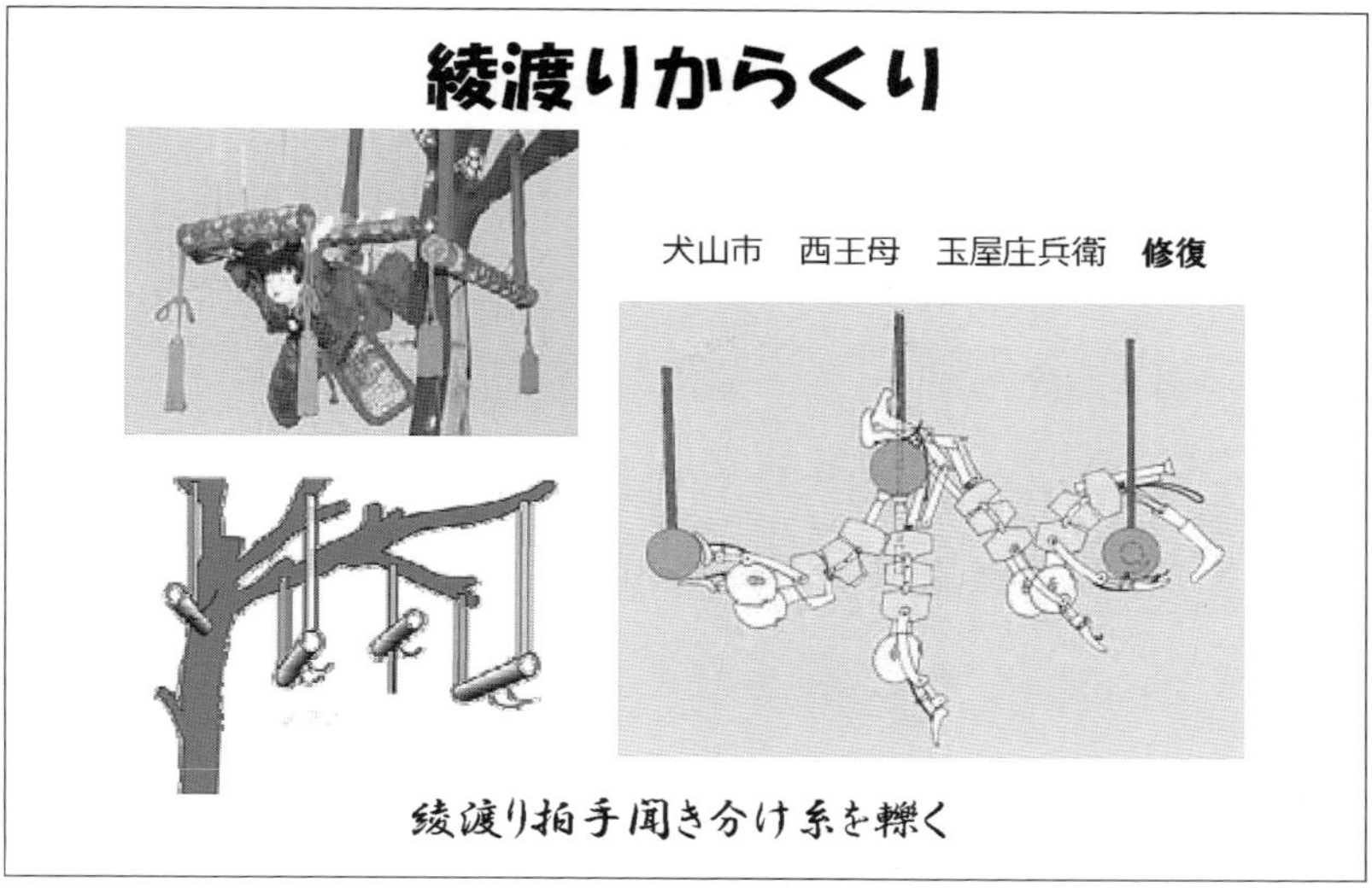

【スライド 20】

山車からくり祭の演技には詰まっています。その代表の一つが「綾渡りからくり」であるといえます【スライド20】。

ここで改めて山車からくり祭の意義をまとめてみます。まず第一に、山車からくり祭は優れた技能・技術伝承・継承システムであるといえます。子供たちから見れば、家族がそろって、ご馳走を食べるお祭りで、からくり人形の楽しさ・面白さ・不思議を見ることになります【スライド21】。

からくり師玉屋さんも初代から今九代目になっているように、からくり技芸を継承しています。祭町内の操り手もからくりの技を一生懸命自分のものにして次の世代に伝えていくのです。このように山車からくり祭は素晴らしい持続可能な技術・技能の伝承システムです。

また、山車からくり祭は、ロボットアイディアコン

山車からくり祭の現代的意義

技術・技能伝承システム

製作者・演技者・観客が三位一体

ロボットコンテストの原型

教育的価値・地域活性化

モノづくりの原動力・創意工夫の源

【スライド 21】

テストに共通した教育的価値（Educational value）も持っています。近くの神社の前で山車が勢揃いして、多くの観客の前でからくり演技を競い合うのです。このように、山車からくり祭は人づくりに大いに貢献していると私は思っています。

そして最後に、また九代目の実演が終わった後に、日本のモノづくりの強さに、からくり人形が貢献していることも皆さんに聞いていただきたいと思っています。まとめますと、山車からくり祭は、人々の創意工夫、モノづくり、そして人づくりの役割を、世代を超えて引き継いてきたといえるのです。

そろそろ九代目にバトンタッチいたします。

初代玉屋庄兵衛さんは一七三四年に京都から名古屋に移り住みました。「鶴と共に名古屋へやってきた」といわれているぐらい、初代は鶴からくりの名人だったようです。この絵は、そのときの鶴からくりです【ス

【スライド22】

ライド22】。

これが鶴。これは八〇年前の映像です。鶴の細長い首を曲げ、今羽虫を取っています。子どもが集めた籠の菜っ葉（芹）を、くちばしで挟んで放り投げるのを、子どもが怒って鶴を棒で叩きます。それを見て、林和《りんな》靖《せい》が、そんなことを怒って動物をいじめては駄目だよ、といって子どもをたしなめる、こんなムービーです。

この映像はインターネットで公開されておりますので、また見ていただければと思います。これが初代で、京都から名古屋へやってきて、ずっとそれ以来、代々名古屋で、今は九代目玉屋庄兵衛さんが活躍されています。

これは、九代目玉屋庄兵衛さんが創作した半田西成岩の山車からくりです。それまではからくり人形が乗っていなかった山車に町内から頼まれて作られたのが、この「鵺《ぬえ》退治」という演目です。これも素晴らし

【スライド 23】

いものです。玉屋庄兵衛さんが、歴代からくり師として日本で唯一ただ一人活躍されているのは、この地方にはずっとからくり祭を継承して伝えてきた、それがあったからです。そして九代目のお父さん、七代目が戦争でなくなったものをぜひ復活しようと生涯努力され、今九代目がこれを引き継いでいらっしゃいます【スライド23・24】。

「職人は手で考える」。私はこの言葉が好きです。九代目が人形を彫っている写真です。それでは「茶運び人形」から、九代目に実演・解説していただくことにいたします【スライド25】。

玉屋庄兵衛

九代目玉屋庄兵衛です、僕の説明は末松先生がほとんどしましたので、人形の説明をちょっと行います。

玉屋庄兵衛というのは、山車からくりの修理・復元が主な仕事です。山車からくりというのは名古屋の東

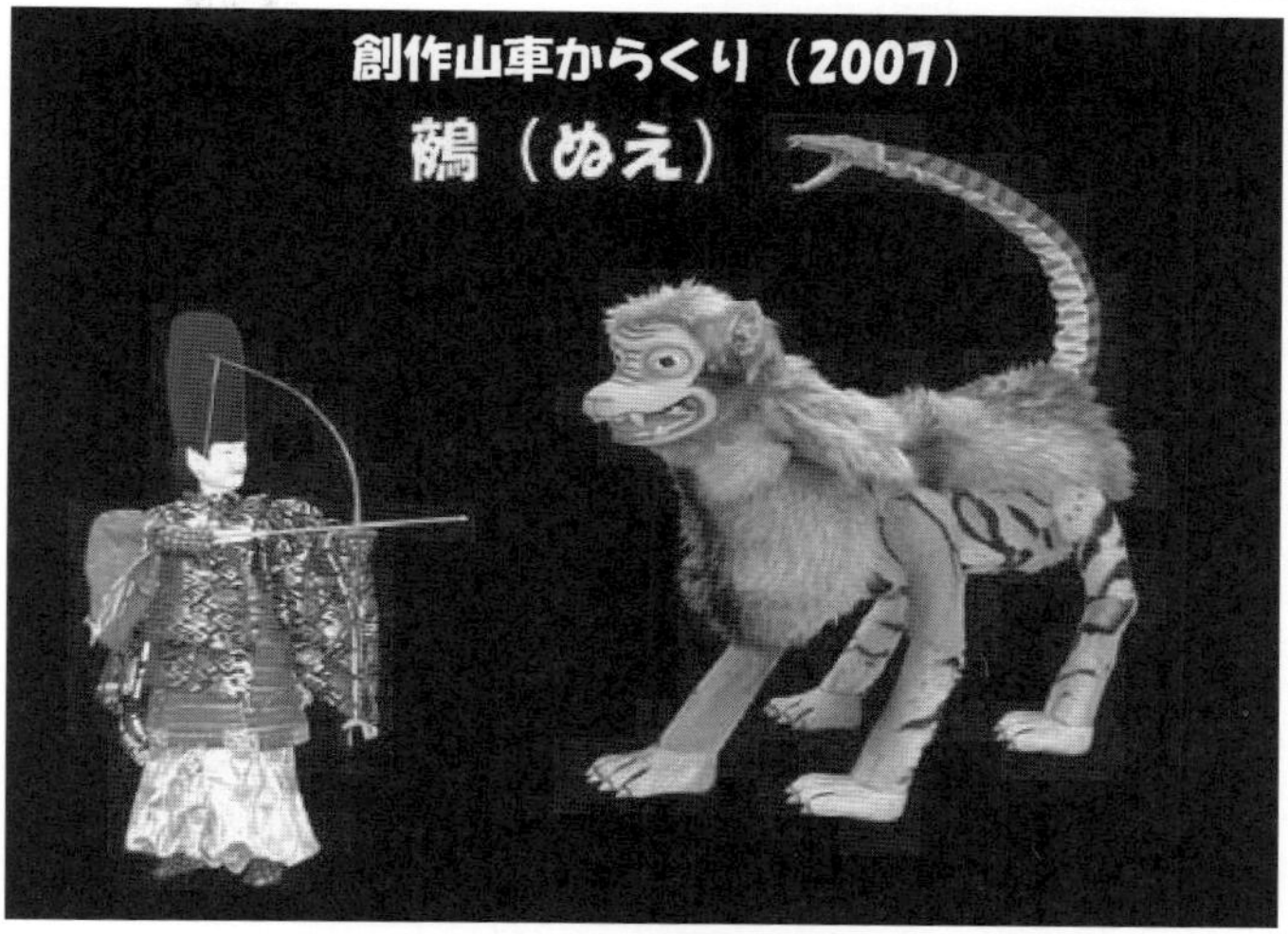

【スライド 24】

照宮祭から始まって、犬山・知多半島と二〇〇近い山車の中で四五〇体ぐらいの人形があります。その修理・復元を主な仕事として今があります。山車からくりといってもどんな人形かということを、映像で見てもらったのですけれども、簡単な人形からちょっと説明します。

東照宮祭というお祭りはご存じですか。昭和二〇年になくなりましたけれども、「名古屋まつり」には九両の山車が出たわけです。那古野神社と東照宮神社、外堀のところにありますが、そこから本町筋にかけて九両の山車が出た、それがいわゆる「名古屋まつり」なのです。

【からくりおもちゃ実演】

「名古屋まつり」で、東照宮神社の中でこういったおもちゃが売られていました。郷土玩具、弁慶と牛若丸、これは二本の糸で動かすものです。二本の糸を動かす

【スライド 25】

と弁慶がなぎなたをこう振るう。東照宮祭の先頭に立つ山車は「橋弁慶車」といって、弁慶が一番先頭に立ちます。その弁慶のおもちゃで、郷土玩具になっています。

これは牛若丸、これも簡単なものでくるくる回るだけのものですが、今はもう売られていません。もう何十年も前になくなってしまった郷土玩具です。これが二本の糸で動かすというからくり人形です。本来のからくりというのはこういう姿をしています、裸になっています。山車の先頭に立つ「采振り人形」というのは糸が七本です。ほとんどが木でできています。糸七本がこう引くと、こういうふうになります。糸を操る人が入るところは、人形の下になっています。

本来の山車からくり人形は、大体九〇センチぐらいです。大きな物は一メートル五〇センチぐらいまであります。これに衣装を着けて顔とか手足に色を塗ると、

【スライド 26】

山車からくりの人形になります。これは二分の一の大きさで、ちょっと模型で作った山車からくりです。

次に、座敷からくりです。これは三本の糸でちょっと作ってみたのですが、人形は京都の御所人形です。この取っ手が文楽の頭《かしら》に付いている三本使いのものです。

これは「春駒」というのですが、本来はここに文楽の頭が付いて、こんな感じで動かし使うものです。文楽も竹田系の分かれです。

糸が七本で舞う采振りというのは、一番糸の数が少ないです。多いものだと二五本から四〇本近くまでの糸が、人形一体に付いて操るのです。糸が多いと人形は細かい動きをします。それが山車からくりという人形です。

これがいわゆる有名な「茶運び人形」です【スライド26】。ゼンマイで動く人形で、お座敷の中で動かす

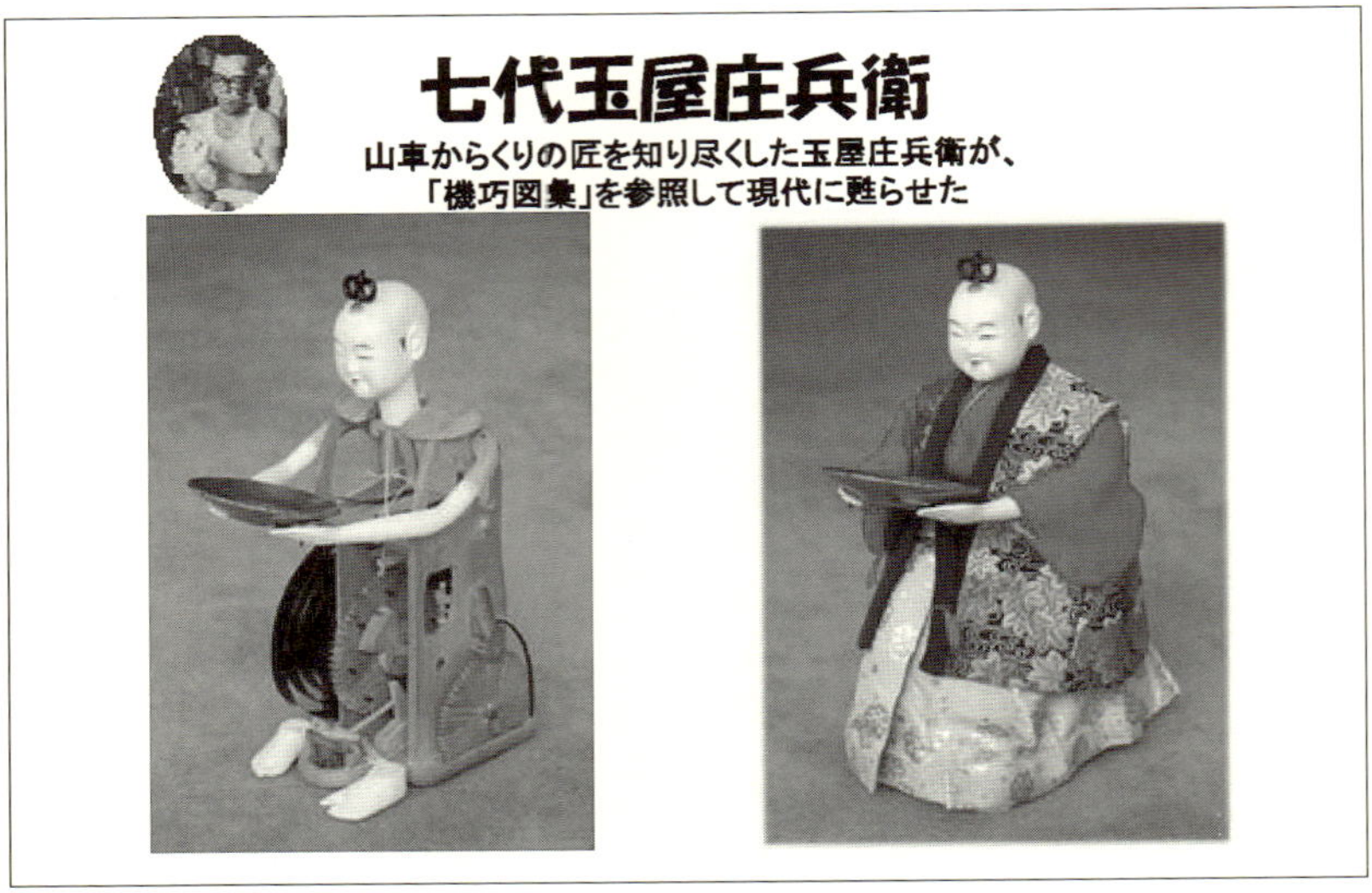
七代玉屋庄兵衛
山車からくりの匠を知り尽くした玉屋庄兵衛が、
「機巧図彙」を参照して現代に甦らせた

【スライド 27】

人形です。

本当はここにお茶を入れてお客さんに「どうぞ」といってお渡しするわけですが、今日はお茶が入っていませんから格好だけです。この茶碗をポンッと置くと、人形が動きます。

それでは、衣装を脱がせて中を見てもらいます【スライド27】。簡単に衣装を脱がせられるようになっています。衣装を脱がせると、こういう姿をしています。七種類の木を使って組み上げています。いわゆるお茶碗がスイッチです。これを置くとこう、これがスイッチになります。足が少しすり足で顔が少し動きます。ゼンマイはここに入っています。これでゼンマイを巻きます。七種類の木を使って作り上げます。作り上げるには約一年の工程をかけます。

なぜかというと日本には四季があります。一月・二月は乾燥します。六月・七月はものすごく湿気が入っ

精緻な木製メカニズム

冠型脱進機（棒テンプ、アンクル、ガンギ車）

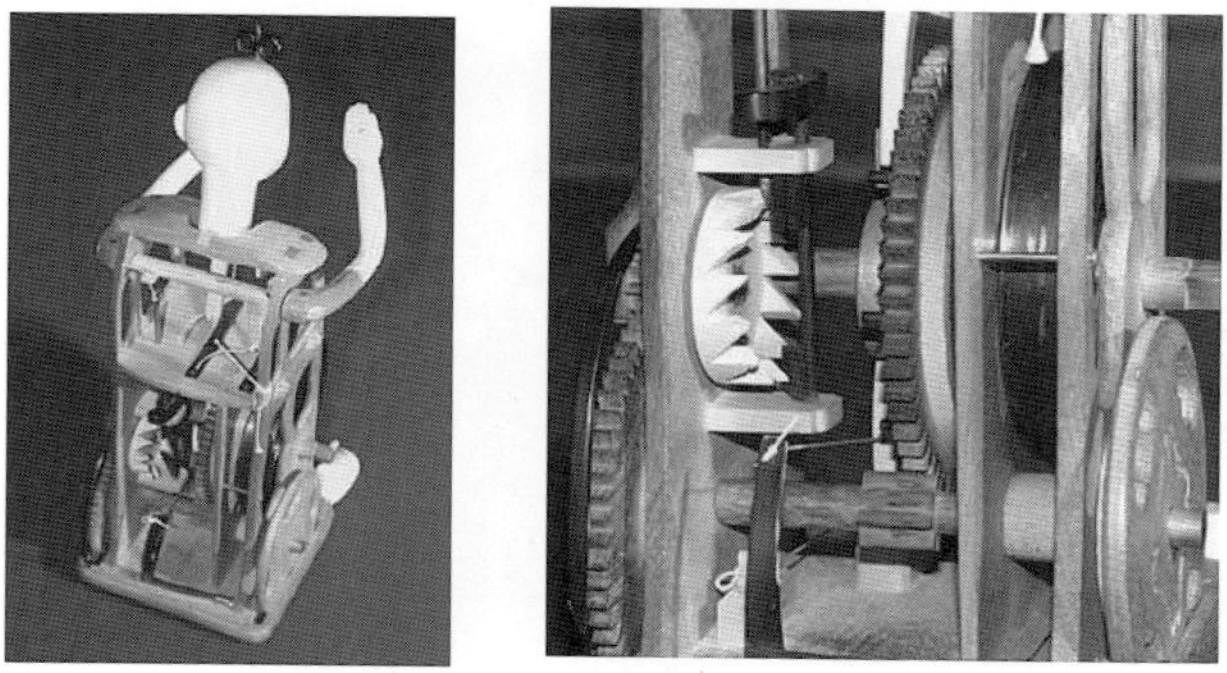

玉屋庄兵衛の茶運び人形

【スライド 28】

て雨季になります。その時期に組み立てます。

七種類の木を使っていますけれども、顔・手・足は檜《ひのき》です。檜に胡粉という顔料を塗り上げて作ってあります。顔の中は抜いてあります。顔がこう動くように作ってあるのです。肩枠・胴枠は桜です。ここに少しきれいにデザイン良く孔が空いているのは、手の指が入りやすく、糸とかそういったものを変えられるようにしてあります。

この中でやはり一番難しいのは、歯車なのです。歯車は花梨《かりん》の木です。放射状に縦目だけ利用して貼り合わせてあるのです。これを一枚作るのに約三ヵ月かけて貼り合わせます。二枚の小片を貼り付けてから一ヵ月ぐらい寝かせて次の四枚目を貼る。そして八枚目。これで約三ヵ月かけて貼り合わせます。それから歯切りをしていくわけです。これは作ってもう一九年ぐらいになるのですけれども、割れてもいないです。歯先

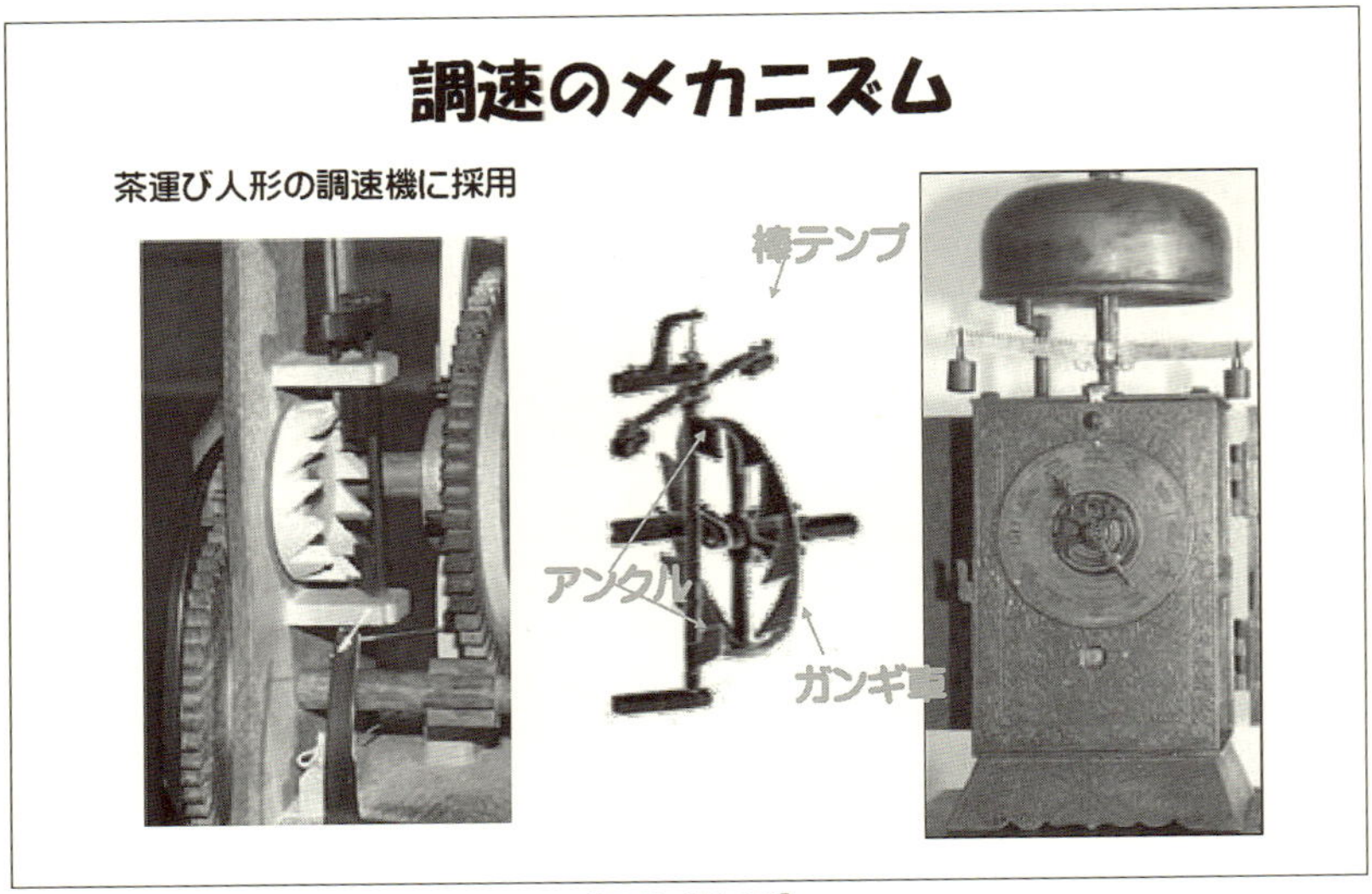

【スライド 29】

も欠けていません。これはなぜかというと、縦目だけを利用して作り上げているからです。

この右側の摺り車は一枚の板なのです。一枚の板で歯車を作ると、縦目に対して歯を切るとすごく丈夫な歯ができます。どうしても木の目が横目にもなります。そこに歯を立てていくと、木の目で折れたりします。

木というのは縦目には湿気・乾燥で収縮しないのです。横目には、乾燥すると小さくなったり湿ると膨張したり、それでせっかく作った歯車が楕円形の歯車になってしまう。それをなくすために八枚を放射状に、縦目だけを利用して貼り合わせてあります。

軸芯、こういった小さなギアは赤樫《あかがし》を使っています。赤樫でも絶対に縮まないようにやはり何十年間も寝かせた木を使います。

そして、この人形は時計から生まれた人形なのです。ここに調速機、スピードを調整するガンギ・テンプと

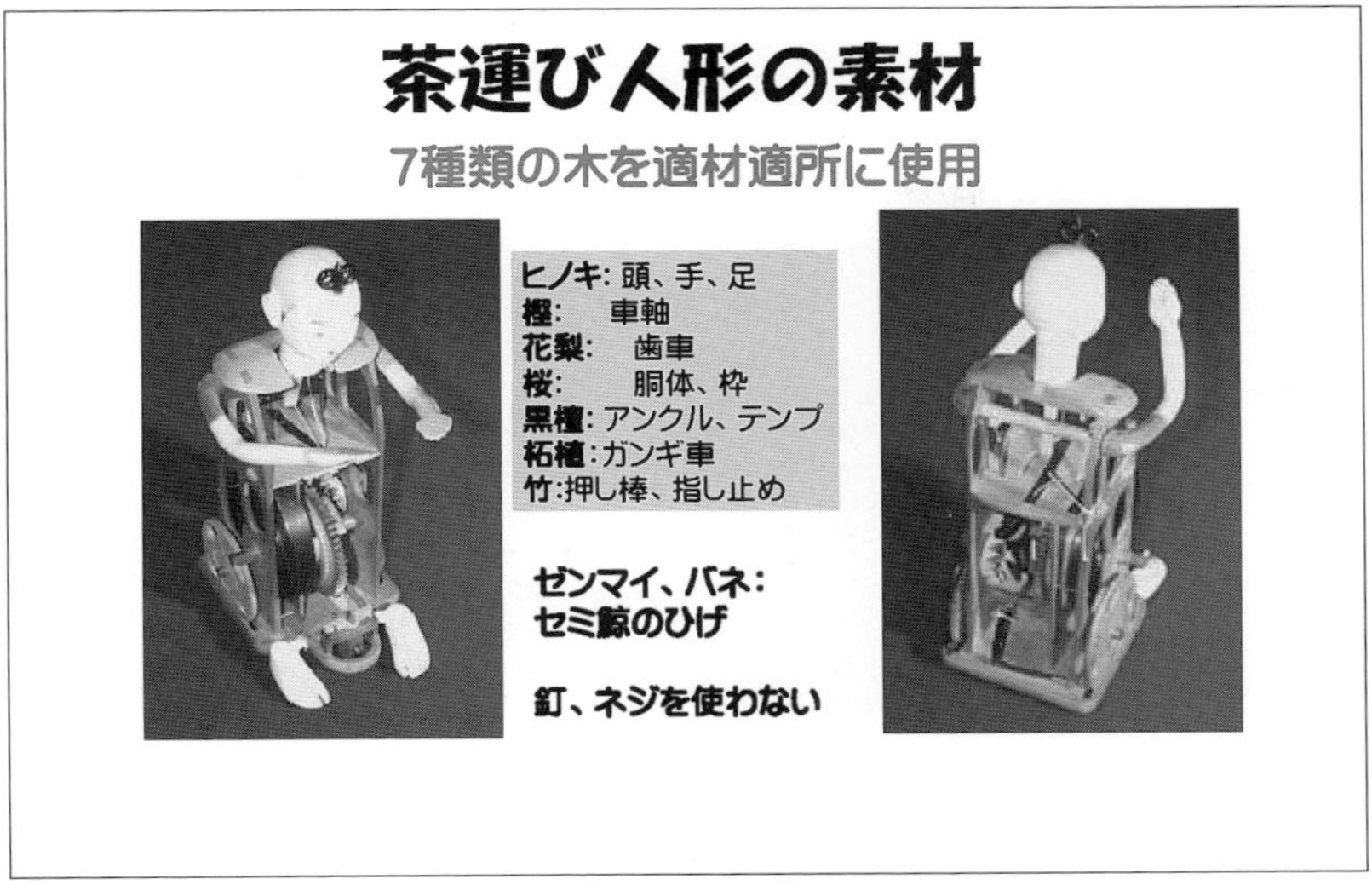
茶運び人形の素材
7種類の木を適材適所に使用
ヒノキ: 頭、手、足
樫: 車軸
花梨: 歯車
桜: 胴体、枠
黒檀: アンクル、テンプ
柘植: ガンギ車
竹: 押し棒、指し止め
ゼンマイ、バネ:
セミ鯨のひげ
釘、ネジを使わない

【スライド 30】

いう部品が付いています。ここでお茶をこぼさないスピードで、スピードを合わせているのです。これは時計に使われている振り子です。カタカタ・カタカタという振り子をこの中に加えています【スライド28・29】。ガンギは柘《つげ》の木、テンプは黒檀です。あとは竹を使って全部で七種類の木を使います。竹というのはこういったところにピンで刺してあります。こういう感じで四本。これはピンを抜くと全部ばらばらにできるようになるのです。肩枠はこうはめてあるだけです。簡単に修理をしやすいというか、ばらばらにできるようにしてあります【スライド30】。

材料を選んでこの人形を作り上げると、約二〇〇年持つといわれます。現にうちの二代目の人形が今でも緑区有松で動いています。それがやはりこういった作り方をしています。材料をすごく選びます。

この茶運び人形もやはり二〇年ぐらいになるのです

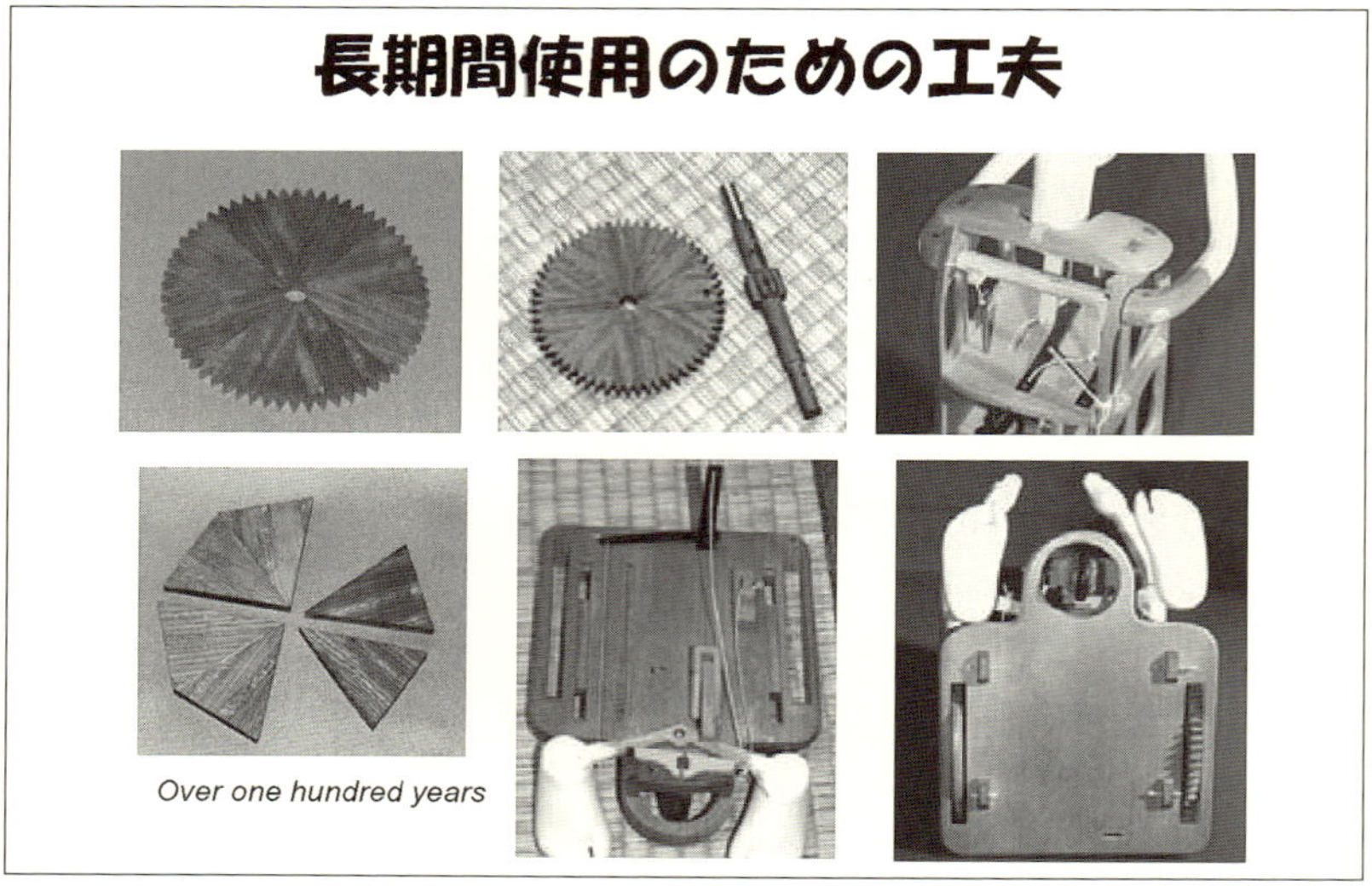
長期間使用のための工夫
Over one hundred years

【スライド 31】

けれども、これも先ほどいわれた海外一二ヵ国に行っても、ほとんど狂いなく動きます【スライド31】。

今、Uターンをしました。これは本来畳一畳（一八〇〇ミリメートル）行ってUターンをするようになっているのです。今畳は半畳です。ここに、この歯車の横にカムというものがあります【スライド32】。

これですね。この歯車の横にあるのがカムです。これが回って、押し棒を押してハンドルを回すのです。ゼンマイを巻いたとき、カムはこの位置に来ます。ここからスタートすると、畳一畳なのです。主人がお客様の距離を見て、カムを先送りすることができるのです。半畳だったら半分押し上げておきます。お客様の距離を見てカムのスタートの位置を決めるのです【スライド33】。

これが茶運び人形という自動人形です。一六〇〇年代後半には、もうこの人形は日本にあったといわれて

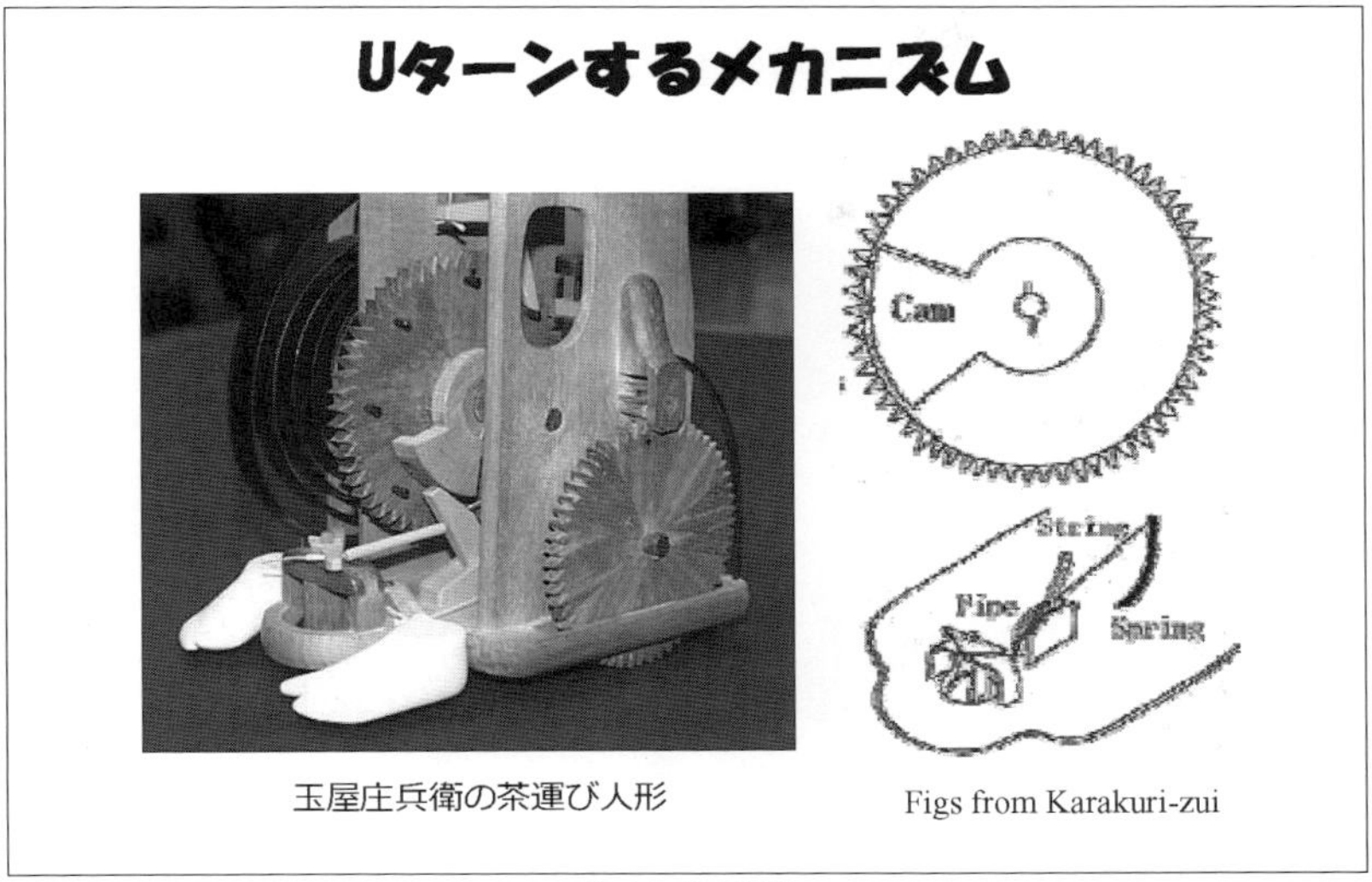

【スライド 32】

います。

ここに黒い物があります、小さなばね、板ばねといいます。これは鯨の髭《ひげ》なのです。このゼンマイは、鋼《はがね》なのですが、本来はセミ鯨の髭で作られていました。捕鯨禁止になって、もうほとんど鯨が捕れないので、やむをえず鋼のゼンマイを使っています。

これが茶運び人形という人形です。

末松　今、茶運び人形を実演していただきました。茶運び人形（Tea Serving Doll）というのは、今でいうとホームロボットといえます。しかも、ホームロボットが手本とすべき特徴をいっぱい持っている、日本が誇るからくり人形だと思います。

一つは主人とお客という、複数の人間がいる中で稼動するという設定。ここには人間主体、人間重視の思想があります。決して個人が所有し、自慢して友達に

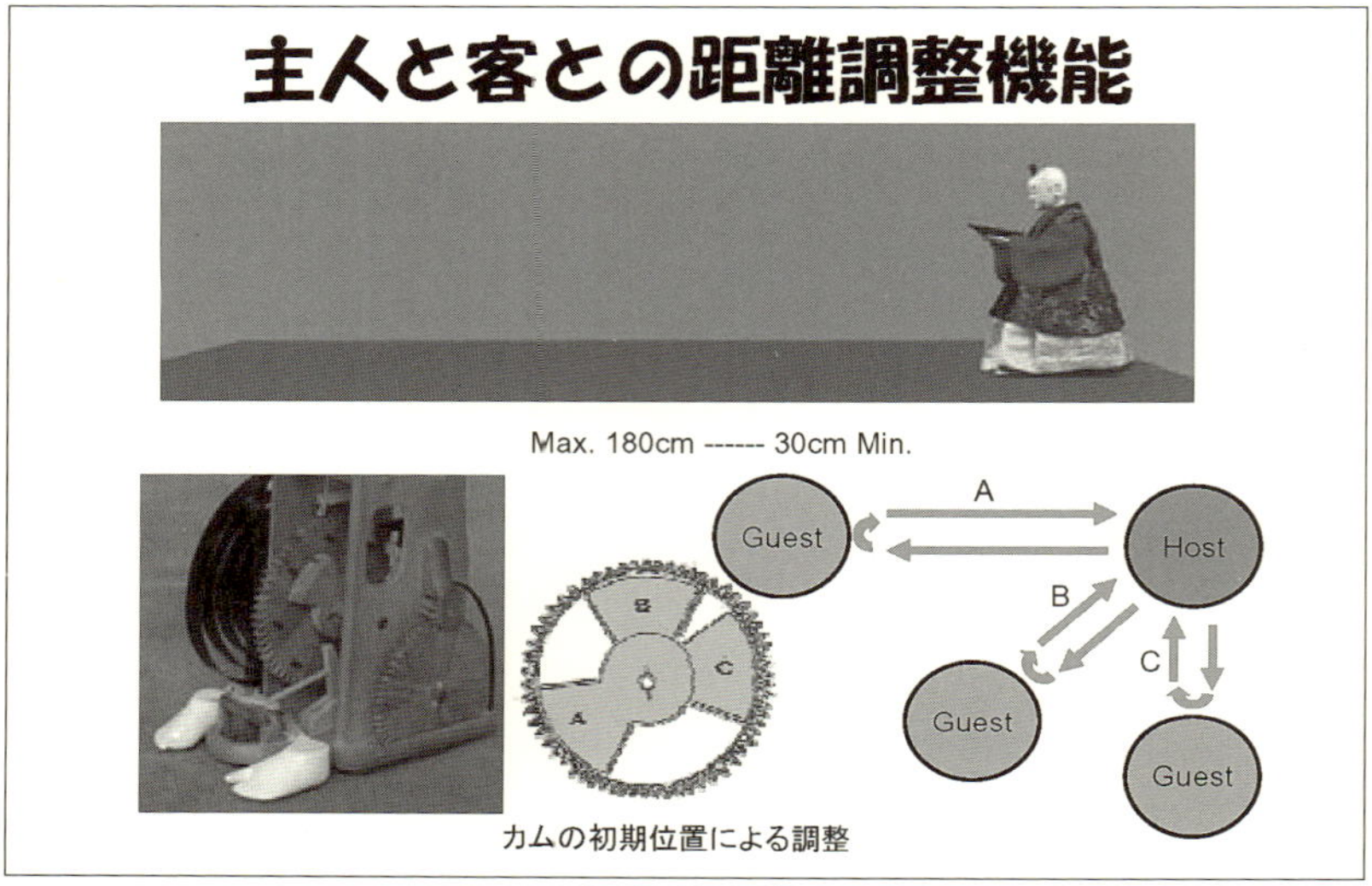

【スライド 33】

見せるだけのものではありません。そしてスタート・ストップの機能も素晴らしい。これも茶運び人形にしかない特徴と思います。スタート・ストップが人間の自然な動作（natural behavior）で行われます。主人がお茶碗を置く、「どうぞ」といってお客さんがお茶碗をピックアップする、それが茶運び人形のスタート・ストップなのです。お客が茶を飲んで「ごちそうさま」といって置く、これがまたスタート。このように人間の自然の接待動作の中で、このロボットのスタート・ストップが行われていること、これは茶運び人形の大きな特徴です【スライド34】。

そして、何よりもホームロボットとしての特徴は、茶運び人形が存在することによって、主人とお客の会話（communication）が促進（up）されて、座が興じるというエンターテインメント性ではないかと思います。

茶運び人形は、西洋の最新時計技術を取り入れて、調

茶運び人形の独創
ホームロボットとしての規範
Distinguished feature of Tea-Serving Doll
☆茶運び人形は、主人と客という
複数の人間がいる中で稼動する
☆ 主人が客に茶を出すという
自然な接客動作の中で稼動する
☆茶運び人形の存在によって、座が興じる、
人間同士のコミュニケーションが促進する
茶運び人形は、所有者が一人で楽しむものではない

【スライド 34】

速機構にしたという工学的な特徴だけではなくて、今でいうホームロボットの持つべき、たくさんの特徴を持っている、素晴らしい人形だということです【スライド35】。

玉屋庄兵衛

次は弓曳き童子です。本物は今、日本に二体あります。この型ともう一つはおかっぱの型、女の子の形です。これができたのは一八五〇年代ぐらいです。作った人は田中久重といいます。当時からくり儀右衛門といわれていました。

この型と同じ型は今トヨタが持っています。「トヨタコレクション」として産業技術記念館に入っています【スライド36】。田中久重という方は、今の東芝の創始者です。

二体だけ残りました。これは十数年前に本物を見て復元したものです。座敷からくりの最高峰といわれて

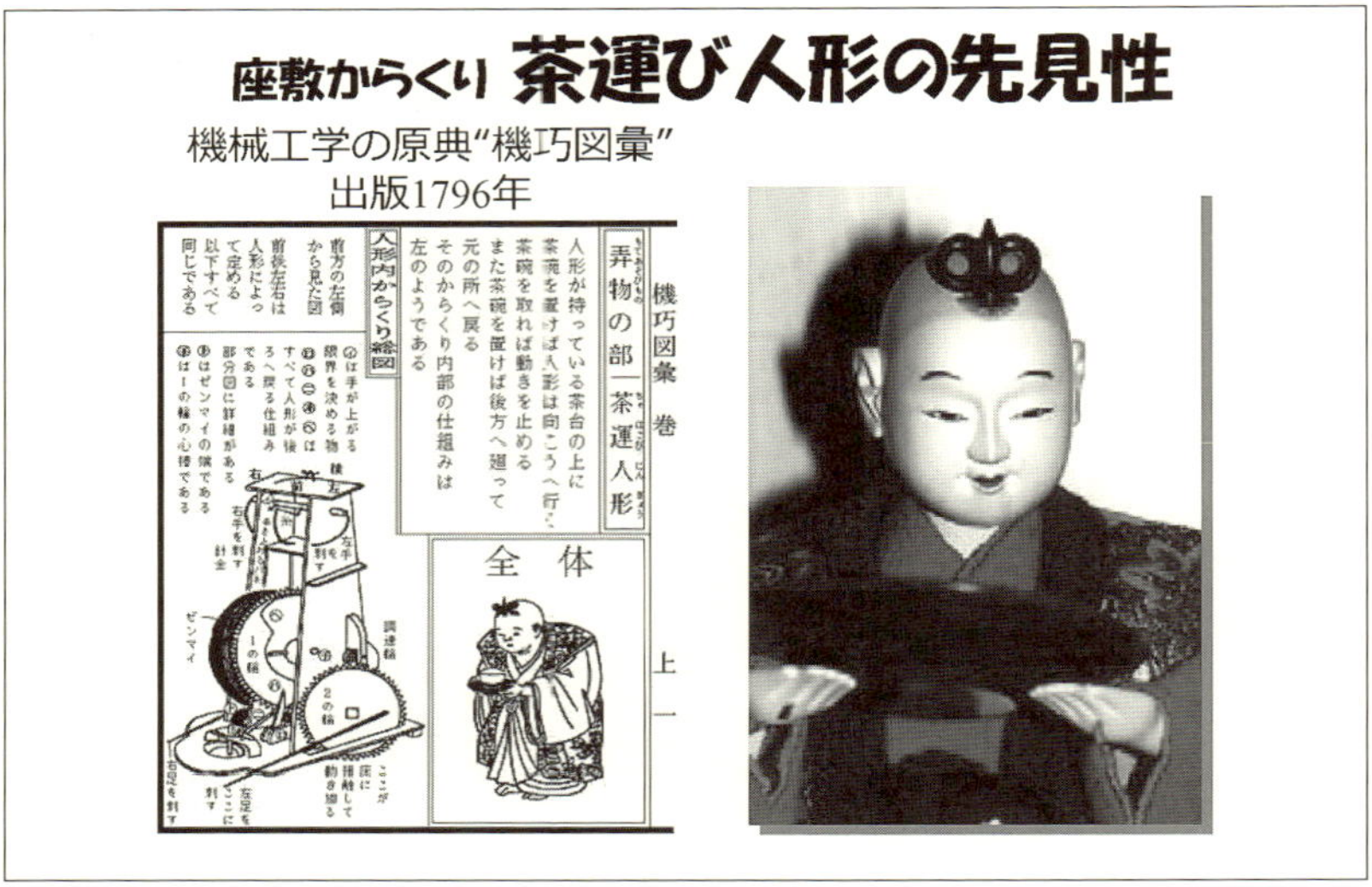

【スライド 35】

います。見た目の美しさ、動きの良さ、具材の良さです。

この枠台ですけれども、欅《けやき》に春慶塗という漆です。これは梨地です。金の粉をさっとふいてから漆が塗ってある技法。この窓の中は鼈甲《べっこう》です。これが矢台です。黒の漆に金の蒔絵がしてあります。これはこう開けます。これは金糸の刺繍です。裏は紙でこう押さえてあります。

これが小さな矢です。これが四本矢台に並べられます。先端は真鍮、白いところは象牙、柳の木にイヌワシの羽が付いています。ここにこう四本乗せます。ここに小さな錘《おもり》があります。これで一本一本送っていく役割をする瓢箪型の錘、これが二四金なのです。

一八五〇年代になると、こういった歯車とかゼンマイは真鍮製になるのです。

ちょっと動かしてみます。

【スライド 36】

からくり人形の良さというのは、やはり顔が動くことです。顔は僕たちも修業の中で能面というのを彫ります。能面の技法が入っています。下を向くとちょっと悲しそうな表現をする。上を向くと笑っているように見える。これは一一本の糸で六本の糸が顔にいっているのです。狙うときはやはり一番いい顔をしています。正面でちょっと狙うかどうかを。ここですね、本当に狙った顔をします【スライド37】。

中を見てください。ここにある歯車は調速機です。この歯車でスピードを調整しています。ここにカゼギリ車がついて、この子人形はこう付きます。子人形は速度を調整するためについている人形なのです。

末松

あたかもこの小さな唐子《からこ》が、歯車を介して上の弓曳き童子のからくりを操っているように見せる。今九代目がいわれたのは、速度をゼンマイが強いときでも弱

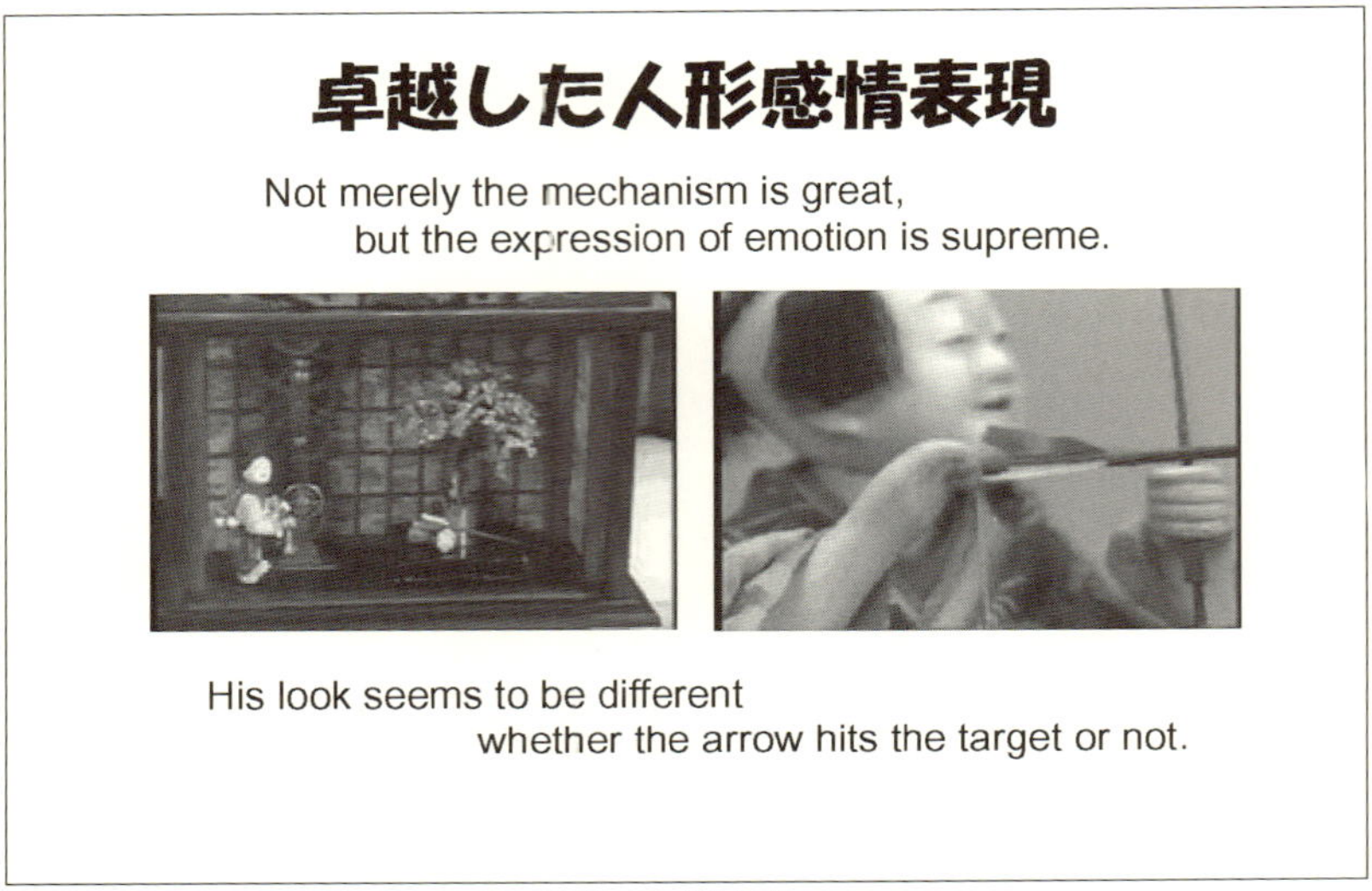
卓越した人形感情表現
Not merely the mechanism is great,
but the expression of emotion is supreme.
His look seems to be different
whether the arrow hits the target or not.

【スライド 37】

いときでも一定にするための、そういうはずみ車（フライホイール）の役割を歯車と唐子が果たしているということです。

玉屋庄兵衛

今、ここの中に七枚のカムがあります。先ほどの茶運び人形がUターンしたのもカムです。あれが七枚後ろのほうに付いています、この位置ですね。この中にカムがいろいろな形で入っています。これがこのように前にある梃子棒《てこぼう》を押すのです。この梃子棒に糸が付いており、これが押されると顔がこう動く。そして後ろの梃子棒は右手が挙がる。カム列の一回転で、矢をつまんで打つところまで見せるのです。動力はゼンマイです、ここの中にゼンマイが入っています。香箱もゼンマイも真鍮製です。

末松

この写真（【スライド38】）は、九代目が弓曳き童子

【スライド38】

の衣服を脱がしたときの写真です。これがNHKのコンピュータシミュレーションで、こんなふうに一一本の糸（string）を六組のカムとレバーで操っている非常に少ないメカで、しかも先ほど九代目がいわれた一一本のうち六本が頭《かしら》の微妙な動き、肝心のメカの糸は五本です。ご覧になってわかると思いますが、このように一本の梃子棒から関連する動作を二本の糸で行っています。

これで頭を右に向けながら、手も右に同時に向ける。こういう六組のカムとレバーで一一本の糸を操るのです。

玉屋庄兵衛

もう最後になりました。これは創作で作ったものです。

実は四年ぐらい前になるのですけれども、東京・六本木のミッドタウンに21_21という三宅一生さんのデ

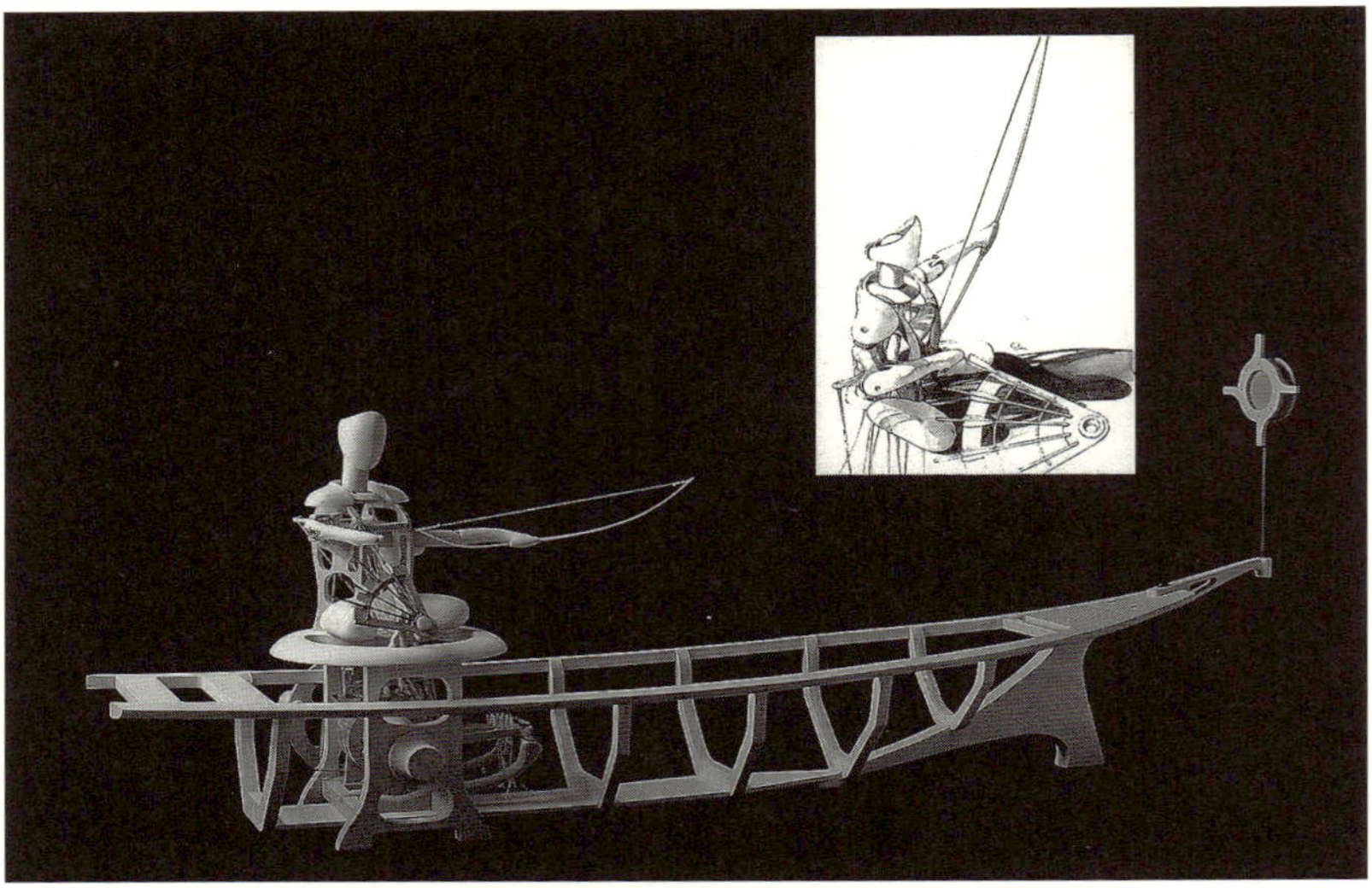
【資料 1】弓曳き小早船と山中俊治氏のデザイン画

ザインポストがあります。そこで「骨展」が開催されたのです。いわゆる工業製品の基盤とか自動車のシャシ、そういった物の骨格の美しさを競う展覧会でした。ここに人形のデザイン画がありますが、そのデザインは山中俊治さんという工業デザイナーが描いたものです【資料1】。東大で開催された日本機械学会のポスターになったものです。これを見て三宅一生さんが、いろいろな物の基盤やスケルトンで骨の展覧会をしたいということで「骨展」が開かれました。

最初はこの一枚の絵だけです。これです。これはデザイナー山中俊治さんが描いた。そして骨だから顔はのっぺらぼうなのです、骸骨でしょうね。その中でこういう感じで三枚の絵だけを描いてもらったのです。

この絵からこれができたのです。ほとんど木でできています。うちは、いわゆる八頭身で人形を作るのです。顔の大きさが決まれば、手の大きさ、足の長さ、すべてが八頭身で彫っているのです。最初どれぐらいの大きさにしましょうかということで、頭は茶運び人形の大きさぐらいにしました。そして胴ができて、肩枠ができて、手ができるということでしました。これはすべて骨、いわゆる弓曳き童子の骨格だと思ってください。

そして一番苦労したのは、この船の形です。絵ではこのように描いてあるのですけれども、二本のこの骨、この枠になる骨、これが一本の板で作ってあるのです。幅がこれくらいです。厚みはこれくらいです。ここからこう持っていっています。一枚の板で作ることによってひねりとかそういうのが何年経ってもからないのです。これを繋いだりなんかすると絶対にひねります。できあがったこの姿を見てください。すごくいいデザインです。これは手動で動くようになっています【資料1】。

このようにして、これはのっぺらぼうなのですけれども、すごく表情が出ています。これはなぜかというと、鼻のてっぺんが人形の一番高いところです。それを表情良くというか、この鼻のてっぺんだけが出してあるのです、顔に。だから動くことによって、表情がすごく出るようになっています。

末松

私は、からくり人形の文化・伝統が、この地方のモノづくりにも関係していると思っています【スライド39】。具体的なからくり人形で見てみますと、このからくりは、犬山だとかいろいろなところにあります。からくり人形が一〇秒（10 seconds）ほどでお社に変身する。これは折畳み展開技術です。そしてまた一〇秒ほどで人形に戻るというものです。日本にはもう一つ、折り紙（Folding paper）という伝統もあります

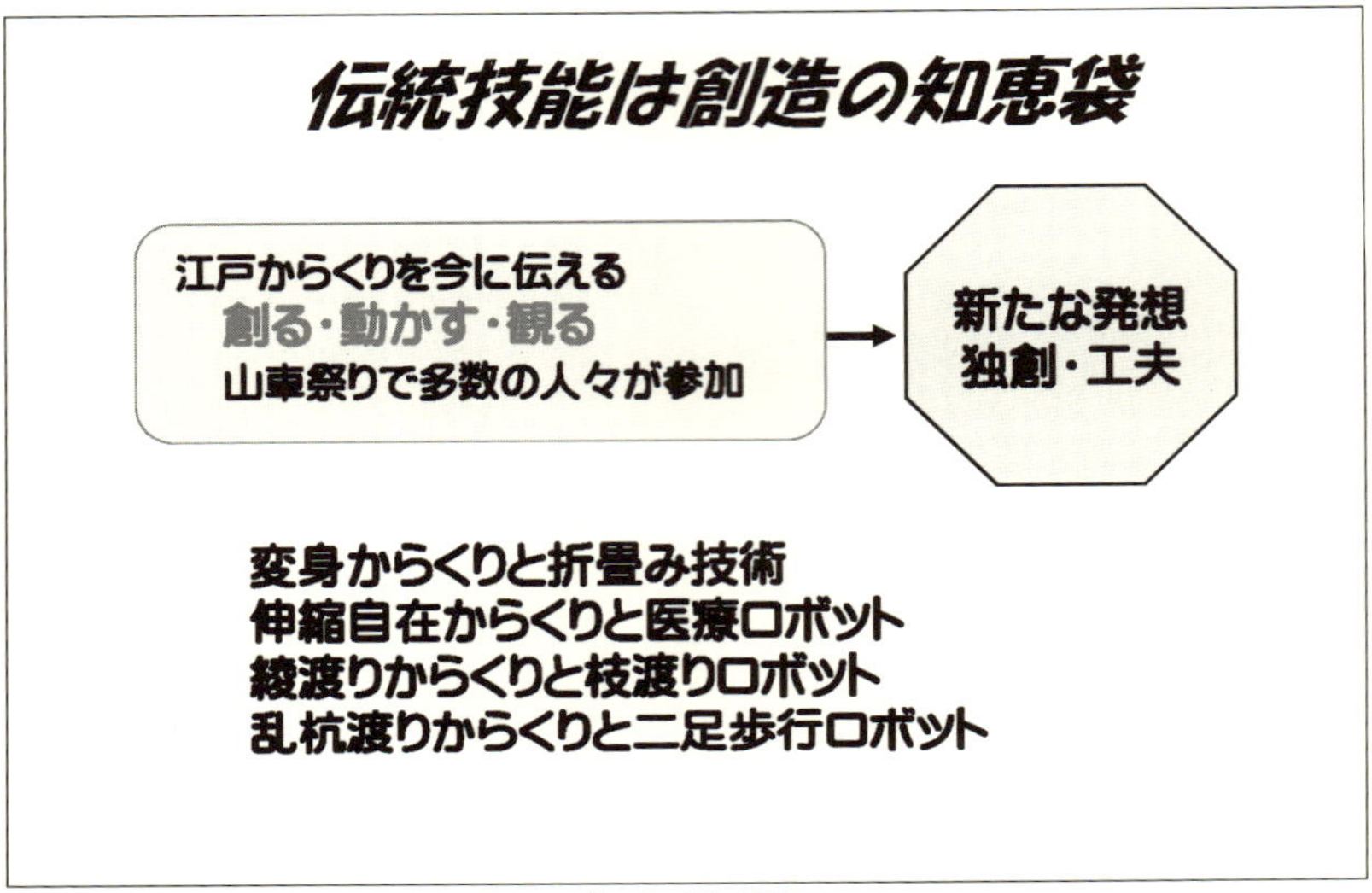
伝統技能は創造の知恵袋
江戸からくりを今に伝える
創る・動かす・観る
山車祭りで多数の人々が参加
新たな発想
独創・工夫
変身からくりと折畳み技術
伸縮自在からくりと医療ロボット
綾渡りからくりと枝渡りロボット
乱杭渡りからくりと二足歩行ロボット
【スライド 39】

けれども、こういうものを見て育って、折畳み傘だとか、いろいろな折畳み技術について、多くの人たちにヒントを与えてきたのです【スライド40】。人工衛星のパノラマアンテナ、太陽パネルの展開・折畳み技術などは、日本が得意とする技術ですけれども、そういうところにも影響を与えているのではなかろうかと思います【スライド41】。

犬山・碧南・岩倉などの二〇〇年以上続くお祭に、ぐらぐらする木杭の階段（step）を、下駄を履いたからくり人形が一歩一歩、二足歩行（Bipedal walking robot）で登って行くからくりがあります。そんな日本だからこそ、ホンダだとかソニーなど、そして今では高校生までが二足歩行ロボットを作り、世界をリードしている技術になっています【スライド42】。

初代玉屋庄兵衛は、細長い物を自由自在に操る、鶴からくりの名人でした。これは四日市で八月上旬に今

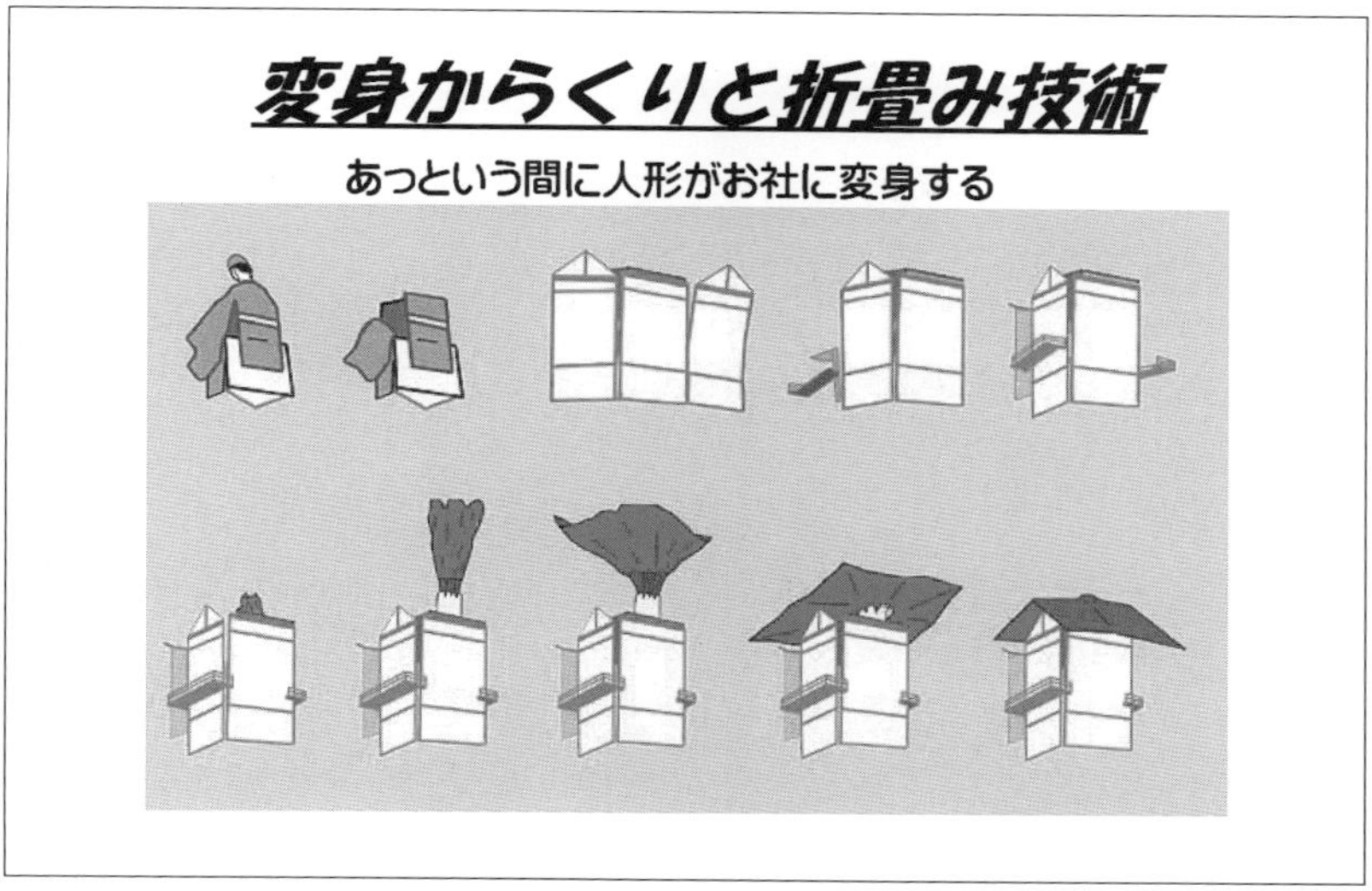

【スライド 40】

【スライド 41】

【スライド 42】

でもやっています。この大入道の首、細長い物が自由に折れ曲がって演技する【スライド43】。そういう技術がオリンパスの内視鏡技術だとか、狭いところにも届く象の鼻ロボットなど日本の得意分野になっていきます【スライド44】。

私は「からくり人形」から見てきたのですが、このほかにもいろいろな伝統技能が、日本発の新しいアイデア製品になっている例がたくさんあると思います。

日本は、科学・技術立国、持続的創造立国といわれていますが、忘れていけないのは技能です。技能が滅びたら、それを取り戻すのに時間とお金が一番かかります。会社・地域・国のそれぞれにおいて、技能に関する知識の保有こそが継続的発展を実現する最大の要素だと思います。この重要な技術・技能の伝承に、この地方の山車からくり祭が大きく貢献していることを指摘しておきます【スライド45】。

自在に首が動くからくり

初代玉屋庄兵衛作

大四日市祭

【スライド 43】

象の鼻ロボットなど

象の鼻ロボット（三菱重工）

大腸内視鏡

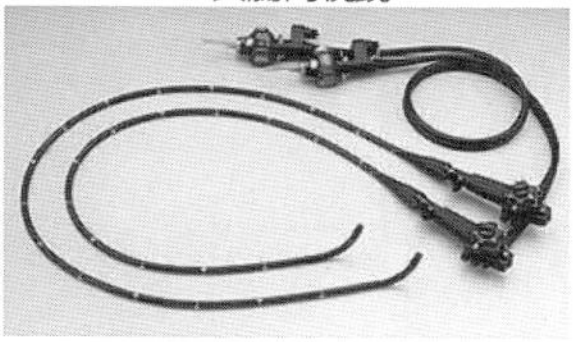

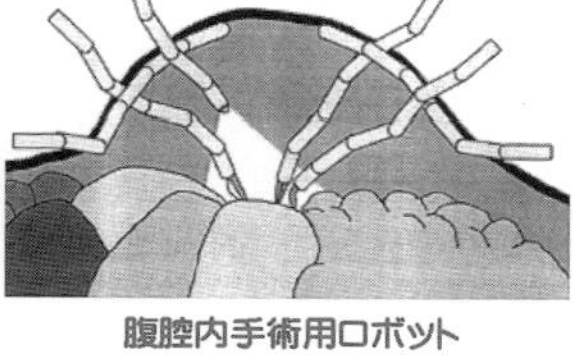

腹腔内手術用ロボット

【スライド 44】

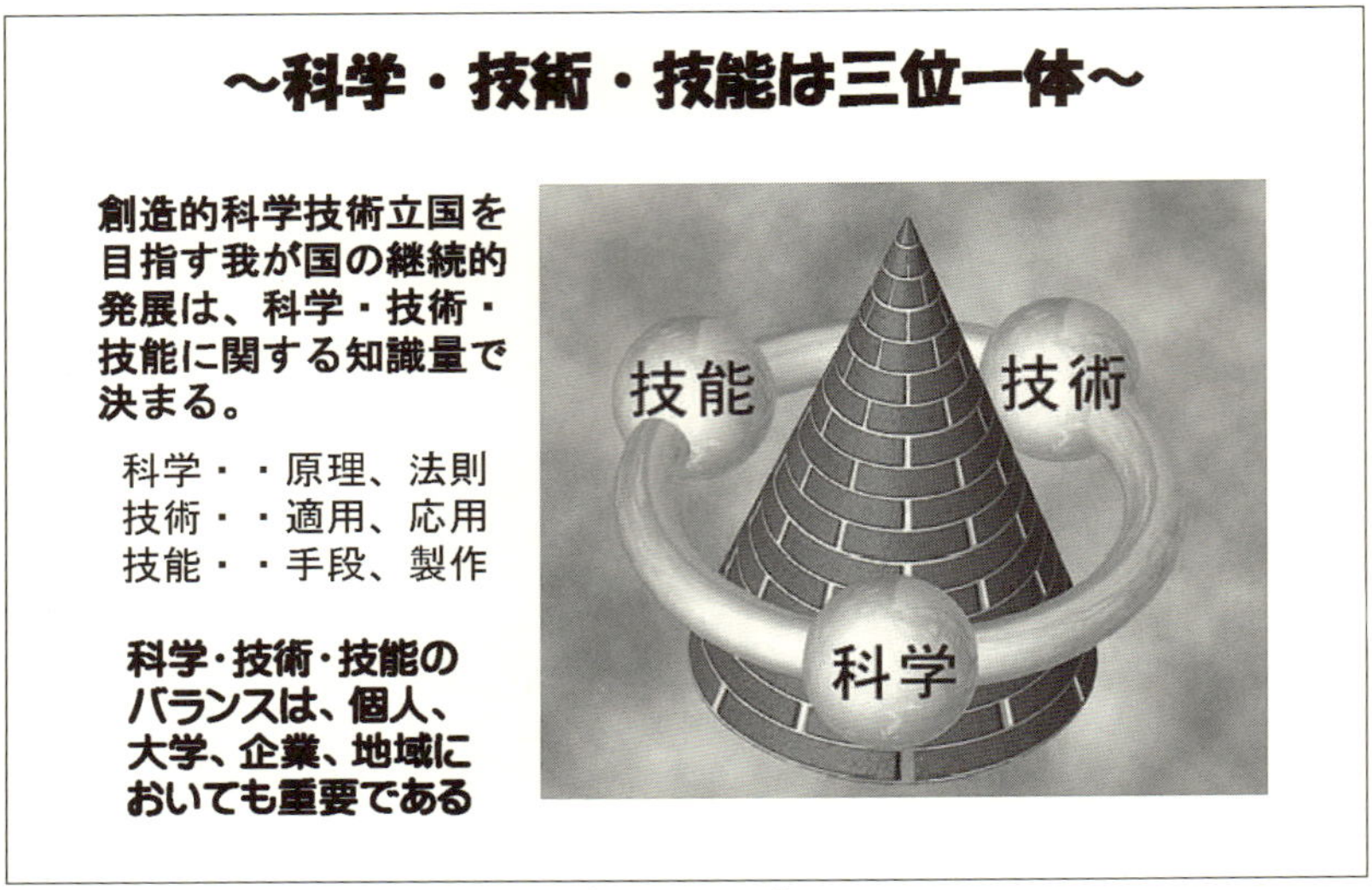

【スライド 45】

私は十数年前に「からくり改善」というキーワードを知りました。この活動は全国の工場で行われております。その全国大会は毎年一〇月に名古屋と東京で開催され、去年一二回目を東京で行いまして、今年は名古屋にまた全国大会がきます。そのキーワードがメカの楽しさ・面白さ、そして低価格・シンプルなメカゆえの低コストと高信頼。日本の工場の中で、作業者が新しいアイデアを提案し、確実・簡単なメカで生産ラインの改善につなげています。これは今や日本発で、中国だとか東南アジアにもたくさんこの「からくり改善」が伝わっています。決してコンピュータコントロールで全自動化することが、工場の高度化ではない。かえってシンプルなメカで、その作業者の人たちに、働きがい、面白さ、考える意欲を与える「からくり改善」こそが、ものづくり力の強さではないでしょうか【スライド46】。

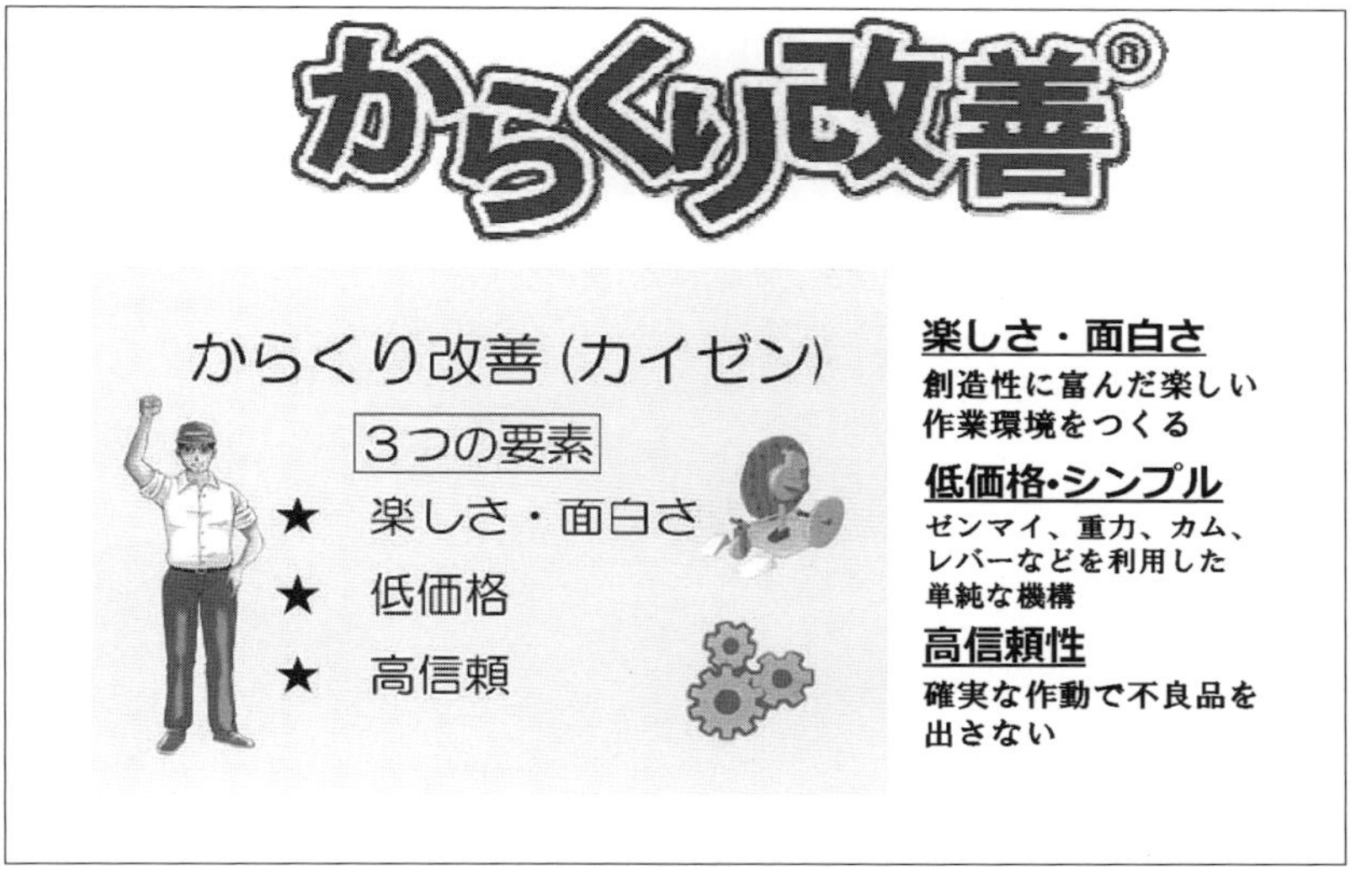

【スライド 46】

そこでこのドリームキャリー。これは、アイシンAWの技能者でモノづくりセンター長にもなられた池田さんが現代の名工にも選ばれて、二〇〇三年第一回モノづくり大賞を受賞された、からくり改善の一番の代表作です【スライド47】。

無動力搬送車(Carrier without fuel or electric power)です。電気・バッテリー・燃料・エンジンは使わないで製品を工場の中で、次のステーションまで運ぶ。

池田さんは小学生の頃、茶運び人形を見て、それをヒントに三年間の考案でこれを実現されました。

これがその模型です。これがスヌーピー、工場では加工中の製品だと思って下さい。生産ラインの途中でここまできた、次の生産ラインのスタート地点へ運びたい。スヌーピーをこう置きますと、製品の重力でこれがこちらへ移動します。ここでガチャンとなってコロコロ転がってこちらへきますと、ドリームキャリー

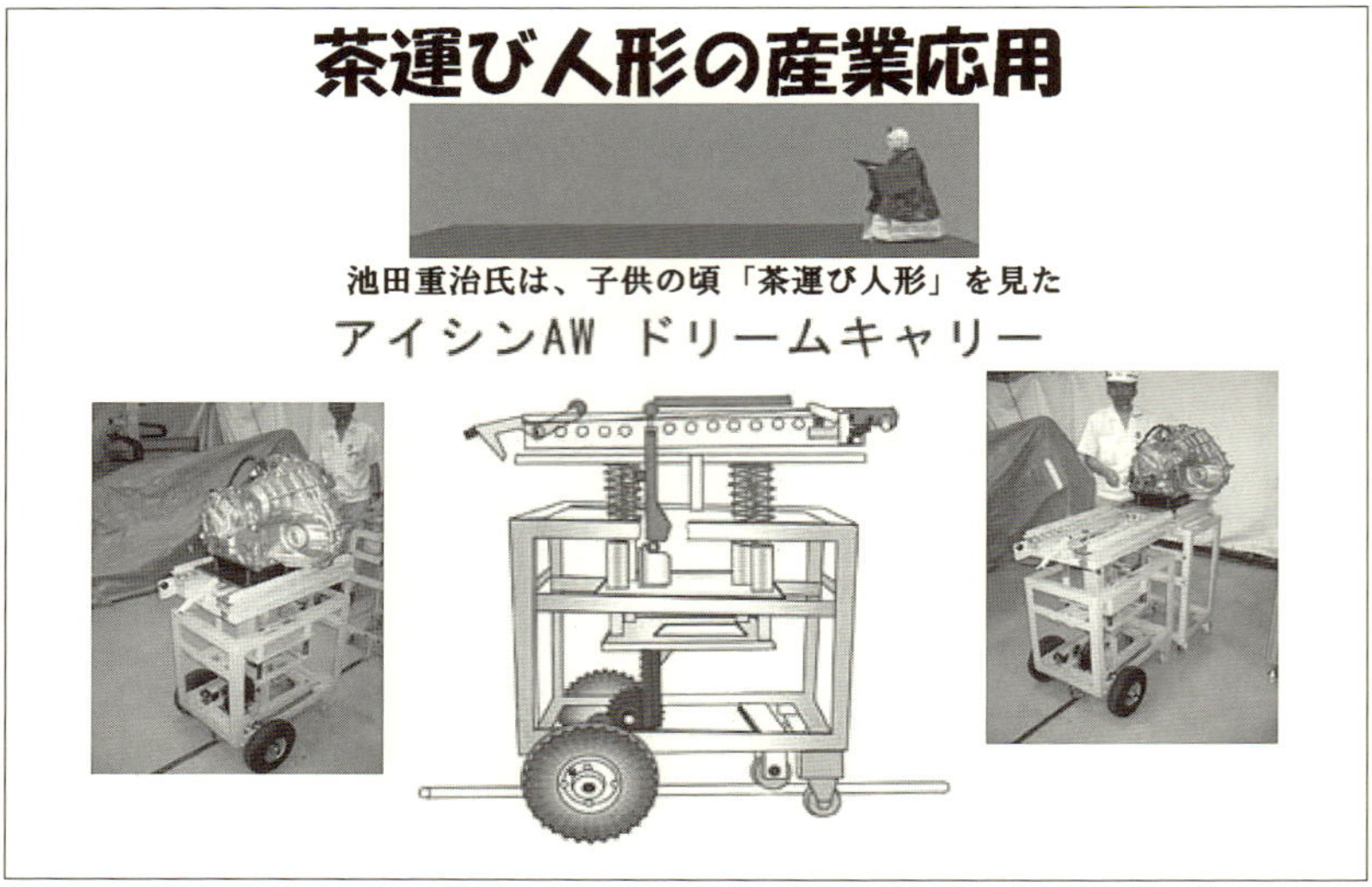
茶運び人形の産業応用
池田重治氏は、子供の頃「茶運び人形」を見た
アイシンAW ドリームキャリー

【スライド 47】

は元の位置に戻る、これが無動力で実現されているのです。

茶運び人形がお茶碗をお客の前まで持って行って、空の茶碗を持ってまた戻って来る。それを茶碗の重力とゼンマイの力だけでやっている。これをヒントに開発されました。

この搬送車は曲がることもできますけれども、アイシンＡＷのドリームキャリーは直線移動です。アイシンＡＷは、ＡＴ（Automatic Transmission）のメーカーです。去年にはもうこのドリームキャリーが、工場内三〇ヵ所で稼働しています。そしてそれまではコンピュータ仕掛け、モーターを載せて一台二五〇万円～三〇〇万円した製品搬送車が八〇万円以下になったと聞いています。これは非常に素晴らしい「からくり改善」の一つの例だと思います。

もう一つ、私はこれも気に入っているのですが、こ

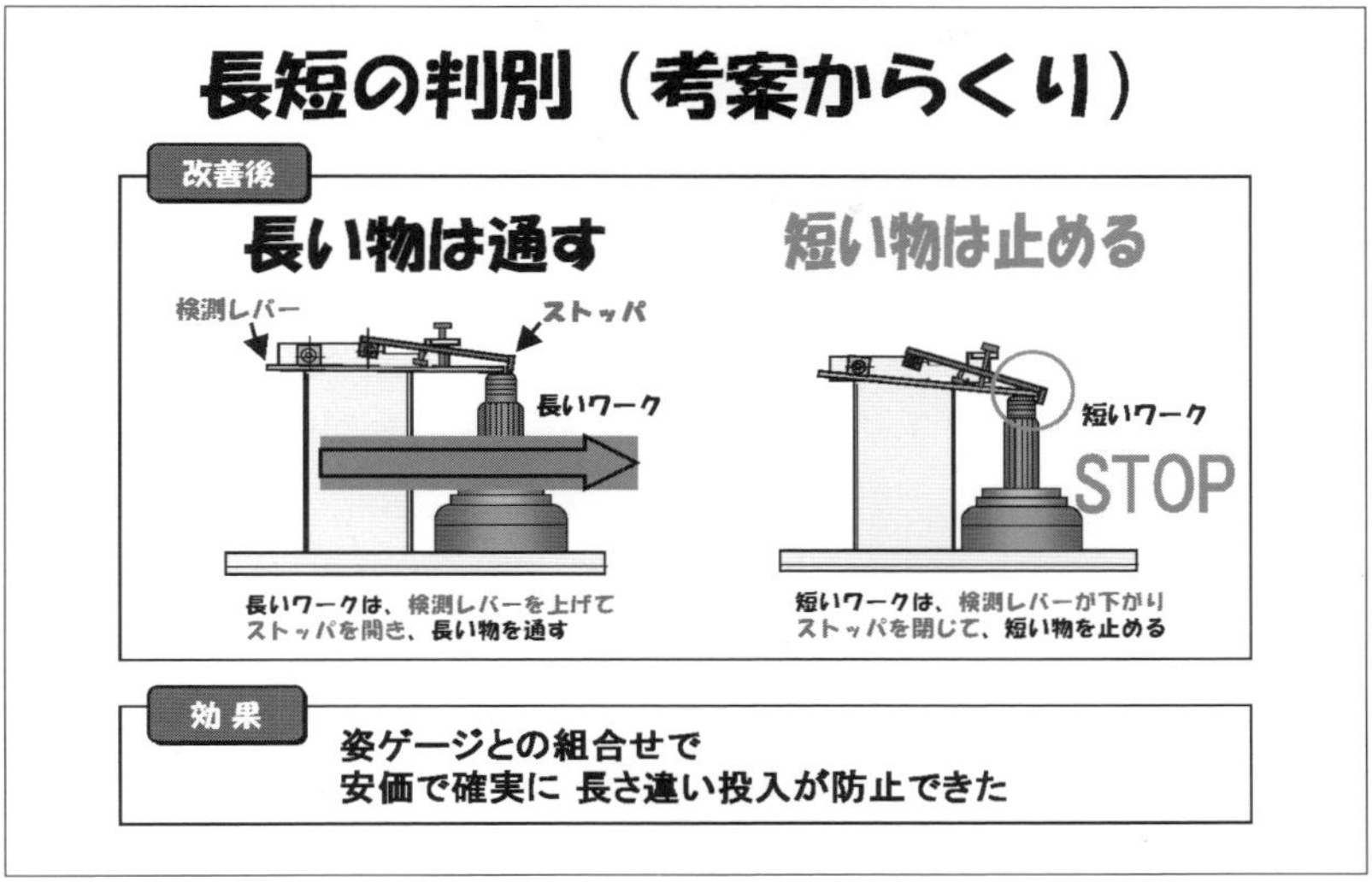

【スライド 48】

れはトヨタ自動車三好工場の技術者の人たちが考えたものです【スライド48・49】。

車の部品の中には、ほとんど外形形状が同じだけれども、わずかに軸の長さが違うものがあります。これを工場で組み立てる際、万が一長い物を組み立てているときに短い製品が入ったら困ることになります。普通はセンサーとコンピュータでシャットアウト、ソレノイドで止めればいいじゃないかと思いますが、そうではない。

からくり改善は、長い物はさっと通ります。ところが短い物が万が一入ったら、ここで止まるように作られています。

逆に短い物を通して長い物を止めるというのは、上に型ゲージを置けばすぐ止まりますが、こういう単純なメカニズムで長い物は通すけれども、短い物はここで止める、ストップさせる。こういう工夫がからくり

日本のものづくりの特長

科学・技術・技能：三位一体のものづくり

- **カンバン**：トヨタ生産方式、Just in Time
- **カイゼン**：現場からの改善提案
- **感性価値：感動・共感、ブランド化**

【スライド 49】

改善です。私はこれも気に入って模型を作って紹介しているのですけれども、こんなからくり改善活動が今はもう日本全国、そして先ほどいったように韓国、そして東南アジアに伝わっています。中国も最初は、工場の人たちは怒ったそうです。俺たちに最新式の自動化ラインを入れてくれなければだめだ、こんな人間の動作が入るような単純なものは嫌だと。ところが三〜四年ほど前に池田さんから聞いたのですが、今では喜んでからくり改善を中国の人たちもしているそうです。その方がやり甲斐があるのです。

　これはスタンレー電気のからくり改善の例ですけれども、決して汎用の産業用ロボットで自動化ライン（こちらが自動化ライン）を作るのではなくて、製品ごとの特徴を生かした「からくり組立君」、こうすることによって何よりもスペース、お金が安くなると同時に、故障率がゼロになる。結局、高度な最新式の自動化ラ

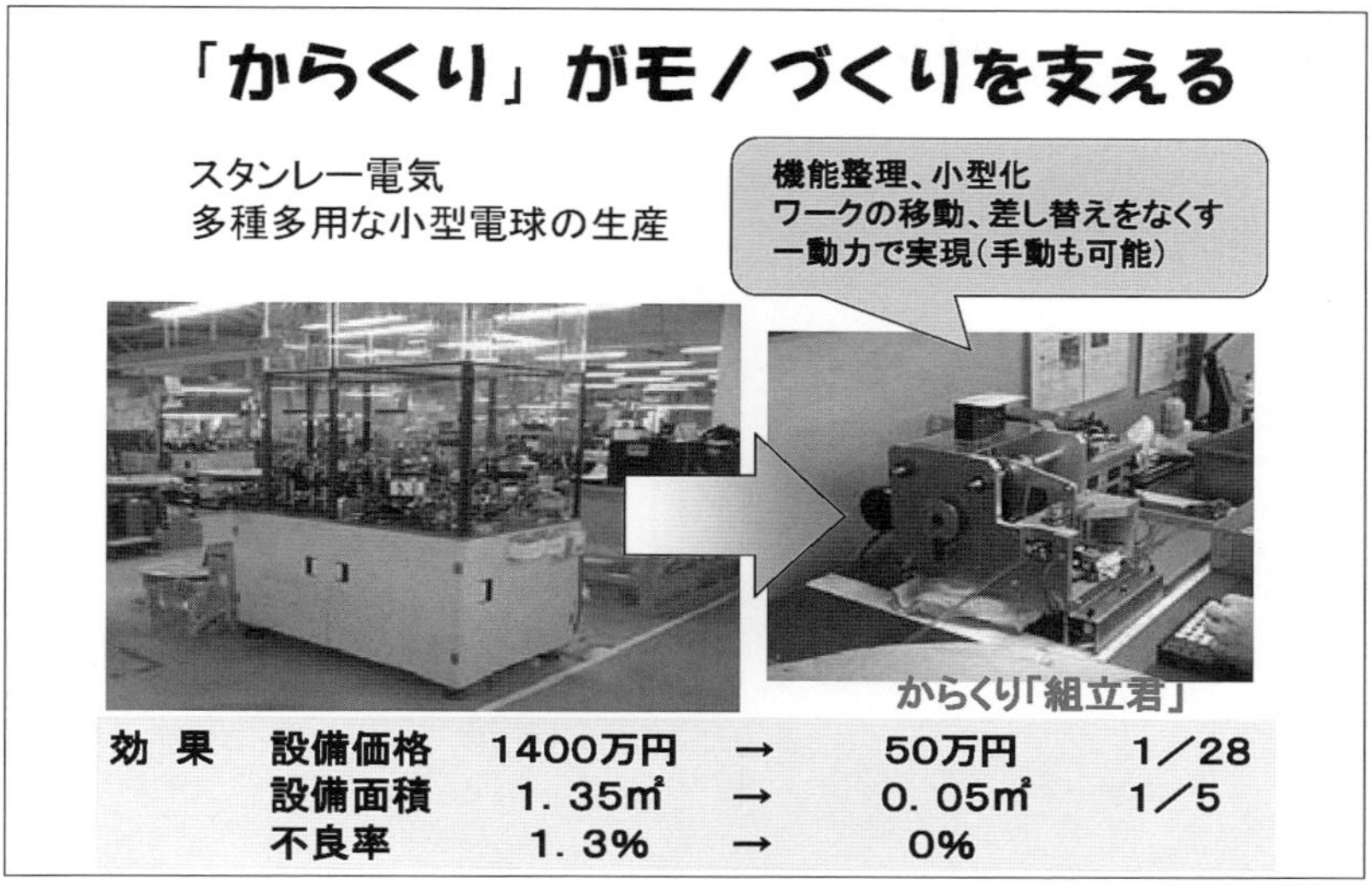

【スライド 50】

インの欠点は故障したときにそれを修理するのに元の設計者が行かなくてはいけない、それまでは生産が止まってしまう。海外での活動が多くなった今日、そういうときに仕組みが簡明で、故障の原因がわかることが重要であると認められ、からくり改善活動が活発になったのです【スライド50】。

「からくり」というものは、機構・メカ・仕掛けという面と、そしてもう一つ感性、人間の共感・感動・やり甲斐、あるいは満足、そういう面を持っています。この愛知県では多くの山車からくり祭が引き継がれている。ぜひその良さをもう一回再確認して、良いところを学んで日本のモノづくりの更なる発展につなげてほしいと思っています【スライド51】。

もう一つ、山車からくり祭は、創造力の涵養、そしてモノづくり・人づくりに貢献してきたことを強調しておきます。若者あるいは子どもたちを育てて好奇心

【スライド 51】

を育む、そんな場を、この地方のからくり祭は提供しているのです。

これは、九代玉屋庄兵衛後援会のホームページです【スライド52】。

「九代玉屋庄兵衛」とグーグルで検索していただければこのページが最初に出ますし、このように「からくり玉屋」と入れていただいても結構です。からくり人形の歴史、玉屋さんの活躍などをご覧いただけます。今英語バージョンも翻訳が完成しました。ぜひ英語バージョンにして世界にからくり情報を発信したいと思っています。

司会

では、会場から質問をお受け致します。

【スライド 52】

中村　顔を上げるあのドヤ顔というのが、非常に素晴らしいなと思って大変感動しました。

大変俗っぽい話で申し訳ないのですが、ああいったからくり、当然市販されていないものですが、手に入れようと思うとどのぐらいの価格になるのだろうという、ちょっと俗っぽい質問なのですが。

末松　とんでもありません。九代目が答えたほうがいいかもしれないのですけれども、茶運び人形も素晴らしいなと思うのですが、まあ一七〇万円、丸栄とかでたまたま売るときがありますけれども、そうすると二〇〇万円を超えてしまいます。玉屋庄兵衛さんは納期が一年かかるといいますけれども運が良ければもうちょっと短いかもしれません。

玉屋庄兵衛　一六〇万円。

末松　一六〇万円だといっておられます。けれども九代目が長持ちするといわれましたように、セルシオ、ベンツ、あるいはＢＭＷなどでも車は保って二〇年です。玉屋庄兵衛は今九代目ですけれども、たぶん一〇代目、一一代目と続きます。茶運び人形がもし故障したら、そこへ持って行けば必ず直してくれますし、玉屋さんのように作れば二〇〇年保つ。自分の孫の子どもが茶運び人形で遊んでくれる、そう思えばすこし無理をしてでも買っておくと、日本の宝であり、これはどこへ行っても自慢できるものではないかと思います。

玉屋庄兵衛さんの後援会のホームページにも、事務局の連絡先が載っていますので、そこに問い合わせていただければ納期と価格についてお答えできると思います。

座敷からくりの最高峰であるこの「弓曳き童子」、これは『お宝探偵団』というテレビ番組がありますが、そこで評価したらたぶん一〇〇〇万円とか一一〇〇万円とかに鑑定されると思います。

結局、日本人は自分で所有していなくても、例えばホンダのＡＳＩＭＯについていえば、ああ進化して走るところまでいったのかということをほとんどの日本人は知っていますよね。

世界一を誇ったフランスの時計産業がスイスへ移ってしまったのは、職人が食べていけなくなったからです。玉屋庄兵衛が日本で唯一現在まで生計を立てているのは、この地方で続けられている山車からくり祭のおかげだと思いますが、どんな文明でも職人（技能者）がいなくなると滅びてしまう。これは確かだと思うので、そういう目で、やはりスキルを持った人が食っていける地域・会社・日本でなくてはいけないと私は思うのです。

渋谷　二つお伺いしたいことがあるのですけれども、九代目の方が復元をなさった、例えば弓矢のものもそうだったと思うのですが、その際に設計図などがあってそれを再現しているのか、それともそのようなものはなくて、見た感じで中の仕組みも考えながら作ったのかというのが一つと、もう一つが今九代目なのですけれども例えば一〇代目・一一代目というのは、お弟子さんの中から選んでいかれるのか、今そういうお弟子さんがどれぐらい、いらっしゃるのかというのをお伺いしたい。

末松　それではまずこの「弓曳き童子」、これは今から二〇年ほど前に、大阪の東野さんという人が骨董市で発見して、修復にかかったのです。それが今「トヨタコレクション」に入っている「弓曳き童子」です。

では、八代目のお兄さんががんで亡くなって九代目を引き受けることになった玉屋さんが、その襲名披露にあたり、最高傑作にチャレンジしたいといって、この「弓曳き童子」を作られたのですが、図面はどうだったのでしょう。

玉屋庄兵衛

山車からくりの場合は図面はありません。からくり人形は四五〇体ぐらいあるのですけれども、図面というものは一切ありません。ただ、必ず同じ物を修復することは可能になりますけれども、図面はほとんどないです。愛知県に四五〇体ほどありますが、すべて違います。同じ物を作る、繰り返すための図面はほとんど残っていないです。

茶運び人形とかは注文を受けて作りますから、そういったものの図面は残しております。ただ顔だけは、七代目・八代目・九代目の創作になるのです。顔もすべて違います。図面というのはなるべく残すようにはするのですけれども、山車からくりの場合は不要となります。同じ物を作らないというのが、ずっと江戸時代から続いていますから。

弓曳きとか茶運び人形は、ある程度の図面は残すようにしています。その中で顔とかそういったものはすべて創作になります。

今、弟子は二人おります。息子がまだ小さくて中学生なのですけれども、一〇代目というのは息子ではないと思います。それはいい切れませんけれども、息子が腕が良くてセンスもあれば、息子に継いでいくというのはありますけれども、本来は腕のいい職人が何代目というのは継ぎます。今まで六代目からは、高科という家系で繋がっていますけれども、腕のいい職人が継がないと、まだ二代目からの人形が残っていますから比較されます。

末松

時間がなくなりましたが、日本の誇れるアーカイブスとして、からくり人形の文書『機巧図彙《からくり》』（「きこうずい」ともいう）という本を、一七九六年に細川半蔵頼直が出版しています。そこに茶運び人形など九種類の座敷からくりと四種類の和時計の製作方法が詳細に記述されています。これは世界的に見ても貴重な本です。東西を問わず、口頭で伝承され師匠から受け継ぎ、見て学ぶという時代に、科学者の目で豊富な図面とともに作り方が書いてある本です。ググルで調べていけば私のホームページ、からくりフロンティアに「現代語訳差し上げます」にありますので、メールで申し込んでいただければ、現代語訳を添付ファイルですぐにお送りします。

「機巧図彙」という本があったから、七代目玉屋庄兵衛さんが昭和四五（一九七〇）年に茶運び人形を昭和の世に蘇らせたのです。それを継いで九代目が今も作っていらっしゃいます。

石神

モノづくりの真髄を見られて大変うれしく思うのですけれども、やはりからくりを作っていくうえで、一番苦労なされるのはどんなところでしょう。図面がないということなので組立て方法だとか、たぶん見ながらそういうものを盗んで作り上げているものだと思うのですけれども、一番苦労するところを教えていただければと思います。

玉屋庄兵衛

いわゆる人形です。人形ですから顔が一番難しいです。顔を彫ること、胴とかそういったものは指物師とか、そういった人たちができますけれども、顔・手・足というのは、やはり一番難しいところです。そこに胡粉で塗って、面相を描くというのが人形師の仕事です。良い・悪いが一番判断されるところはやはり顔ですから、顔を彫るには一五、一六年の修業が必要です。その修業の中ですべてのことを、彫り物とか欄間とか仏像とか能面とか、そういったものをその中で覚えていってから顔という形になります。やはり人形は顔が一番難しいです。

イタリア文化の原点 ―古代ギリシャの財産：理性と美―

アンジェリーナ・ヴォルペ

まず、皆さんにお配りした地図（次ページ）をご覧いただきながら、説明したいと思います。以前書いた論文も一緒に使います[1]。地図に「32」と「20」という小さい数字があります。「32」はペストゥムで「20」はエレアという町です。エレアはパルメニデス（紀元前五一五年頃～）という有名な哲学者が活躍した小さな町です。私の故郷はちょうどこの「32」と「20」の間にあります。名前が記されていないのですが、アグロポリという町です。ギリシャ語で「ポリス」は町・都市・国家を表し、「アグロ」はラテン語の「アジェル」「田舎」という意味があります。ですからアグロポリは「田舎の町」という意味になります。ロマンチックではない名前ですが、私の町はおよそ二五〇〇年前に造られたといわれています。この町を作ったのはギリシャ人でした。

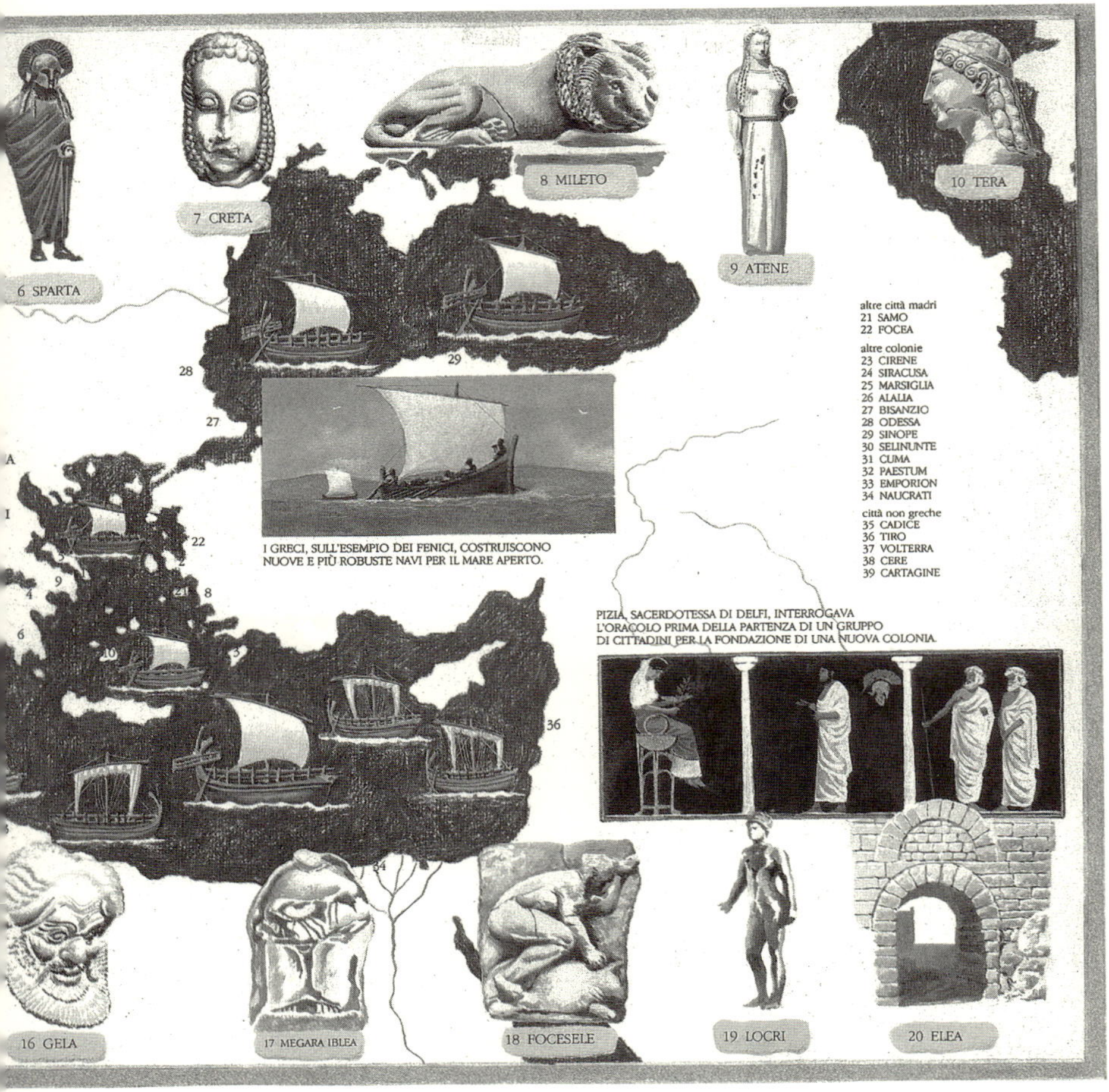
6 SPARTA
7 CRETA
8 MILETO
9 ATENE
10 TERA
altre città madri
21 SAMO
22 FOCEA
altre colonie
23 CIRENE
24 SIRACUSA
25 MARSIGLIA
26 ALALIA
27 BISANZIO
28 ODESSA
29 SINOPE
30 SELINUNTE
31 CUMA
32 PAESTUM
33 EMPORION
34 NAUCRATI
città non greche
35 CADICE
36 TIRO
37 VOLTERRA
38 CERE
39 CARTAGINE
I GRECI, SULL'ESEMPIO DEI FENICI, COSTRUISCONO NUOVE E PIÙ ROBUSTE NAVI PER IL MARE APERTO.
PIZIA, SACERDOTESSA DI DELFI, INTERROGAVA L'ORACOLO PRIMA DELLA PARTENZA DI UN GRUPPO DI CITTADINI PER LA FONDAZIONE DI UNA NUOVA COLONIA.
16 GELA
17 MEGARA IBLEA
18 FOCESELE
19 LOCRI
20 ELEA

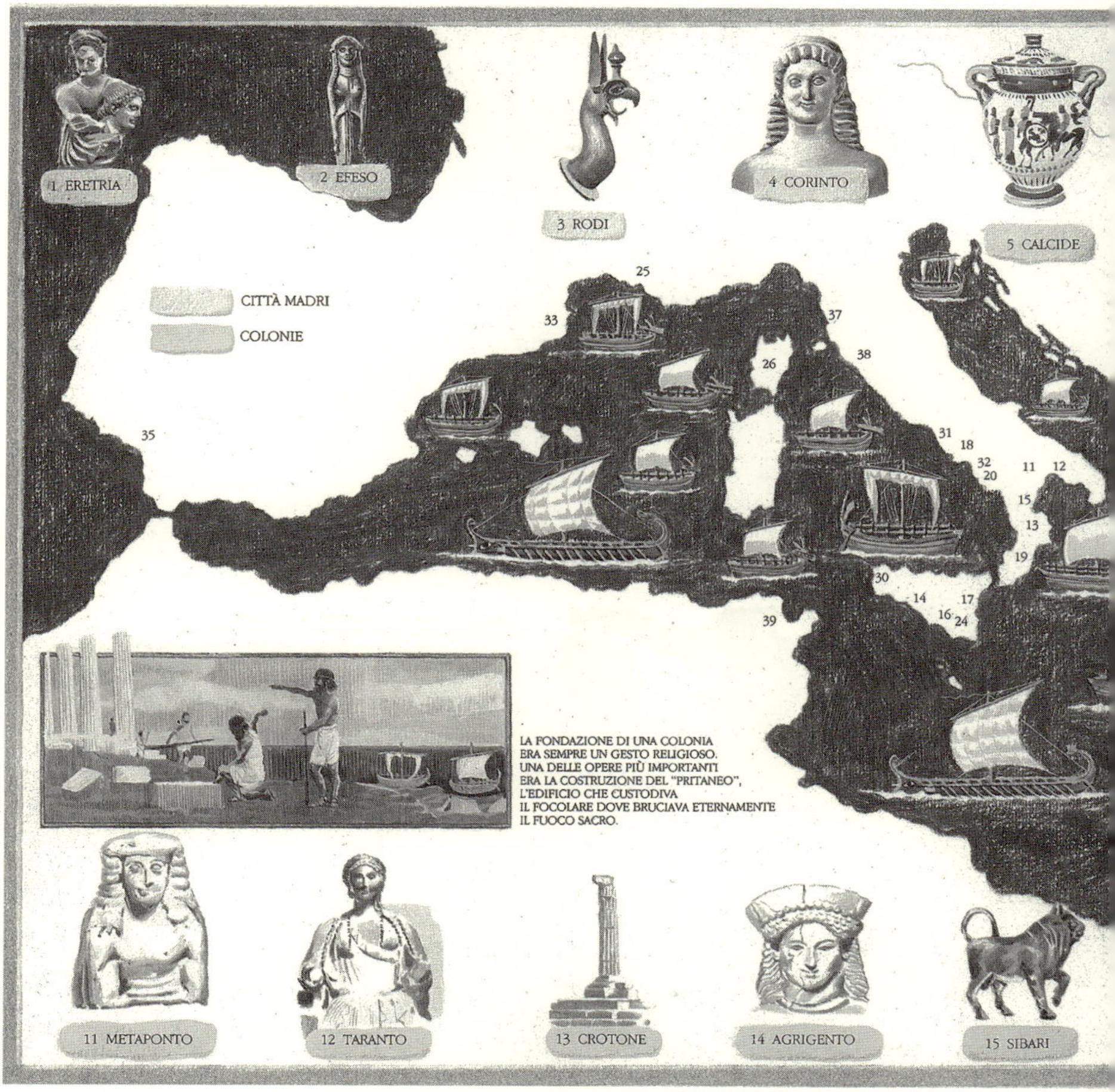

L'Europa ai tempi di Grecia e Roma, illustrazioni di A. MOLINO, Jaca Book, Milano 1985. より

さて、ギリシャ人はイタリアに何をしに来たのでしょうか。南イタリアは今でも「マーニャ・グレーチャ(大ギリシャ)」と呼ばれることがよくあります。ギリシャよりも「大ギリシャ」と呼ばれるほど素晴らしい町々が建設されたというわけです。それらは紀元前八世紀から約二〇〇年のうちに作られました。有名な所はターラント、ロークリ、シバリス、クロトーネ、レッジョ、シラクーサ、アグリジェント、セジェスタ、ジェーラ、クーマ、ナポリ、エレア、ポセイドニア(ペストゥム)などです。

さて、どうしてギリシャ人がイタリアに来たのか、それは母国の土地不足、意に沿わない政治的状況を抜け出したいという希望、新しい市場の探求、冒険への希望などの理由からでした。入植した人々は、政治・経済構造を自由に構築することができました。しかし母国から独立しても彼らは同じ言葉を話し、同じ神々を拝み、同じ文化に属している意識を持ち続けました。興味深いのは新しい町を建設してもギリシャ人たちは自分の母国とのつながりを保っていたことです。しかしそれは圧迫があったからではありませんでした。独立したければそれなりに自由にできました(イギリスやアメリカの植民地建設はこの意味でもずいぶんと異なります)。

そして、それらの町は、元からあった町よりもどんどん美しくなったといえます。例えばシラクーサは建築的に素晴らしく発展し、カルタゴの強い勢力をも防ぐほどの強い町になりました。あの有名なアルキメデスやパルメニデスがイタリアで活躍した、というわけです。

アグロポリはペストゥムからわずか一〇キロメートルほど離れたところにあります。ペストゥムには素晴らしいギリシャ神殿が残っており、ユネスコの世界遺産として認定されています。それは一つの神殿の柱が今でも完全に残っているからだろうと思います。

私は子どもの頃、遠足でペストゥムの神殿に何度も連れて行かれました。遠足はペストゥムだけにとどまらず、高校生になるとエレア、クーマ、ナポリなどまで毎年連れて行ってもらいました。幼い時からこの素晴らしい建築群に圧倒されていたのです。

南イタリアは一九八〇年に大きな地震がありました。私の家は大丈夫でしたが、近隣の村々は全部崩壊し、三五〇〇人もの人々が亡くなったのです。私がそのとき驚いたのは、三〇年前に建てられた建物が壊れているのに、なぜ二五〇〇年前の神殿がまだ残っているのかということでした。

ギリシャ人は天才でした。精巧な機械がなかったにもかかわらず、二五〇〇年もの間ずっと残るものを作ることができた人たちです。

私はギリシャ文化が大好きでした。ギリシャ・ラテン文化に非常に興味があったので、高校は“Liceo classico”を選びました。“Liceo classico”は理科系ではなく文科系です。もちろん物理、化学、天文学や数学なども勉強するのですが、主にギリシャ語、ラテン語、哲学、文学などのカリキュラムが中心です。

私がギリシャ文化に深く興味を持ったのは、それがやはり自分の先祖であるという意識からでした。そして、この人たちを外国人だと思えないのです。私たちにとってギリシャ文化は外から来たものではなく、実際に家の中で育ったものなのです。外から刺激があったのですが、実際にイタリアで育ったということです。

ペストゥムの博物館はぜひとも見るべき場所です。その博物館の収蔵品の中に、私がまだ中学生だった頃非常に印象的だった、あるお皿があります。そのお皿の端にギリシャ語で二つの名前が刻まれています。ギリシャ人とサムニウム人の名前です。つまりギリシャ人が先住民の友人に贈ったお皿だったのです。植民地建設者と先住民の人々が友だちになったことを知って大変感動した覚えがあります。一六世紀のポルトガル人とスペイン人の植民地の歴史を勉強すると、ぞっとします。あるいは残念ながら二〇世紀のイタリアも、エチオピアに植民地を作りました。イタリアはすぐ負けたのでよかったのですけれども、やはり二〇世紀の植民地制度と比較すると、あの当時のギリシャ人は全然違いました。彼らも土地不足で外国に土地を探しに行きましたが、まず人々が住んでいないところを選んだのです。つまり、なるべく先住民と戦わないようにしていました。やむを得ない場合のみ戦争になりましたが、民間人を襲うことはありませんでした。むしろ、先住民と共にその町に住みました。もちろんギリシャ人は他の民族に対して優越感があったのは事実です。しかし、自分たちの優れている特質をどのように証明したのでしょうか。それは彼らの優れた態度を通してでした。つまり本当に優れた文明を作る人間は、人々を残酷に扱わず、虐殺をしません。むしろ先住民と手を組み、新しい国・町を統治するはずです。ギリシャ人は先住民に対して残虐な行いをすることはなく、むしろ自分の文化の特徴を積極的に紹介しました。それは自由への愛から生まれたといえます。自分が生まれ育った町で政治的な問題によって自由になれなかったことから、国外に逃げ出したギリシャ人が多かったのです。彼らは奴隷として生きることを拒み、新しい土地を探しに行きました。自由への愛と理性的な行動、良識、勇気、調和、美などがギリシャ人の主張する価値観でした。そして、好奇心が深い彼らは植民地の文化を観察し、自分の文化と比較しつつ、徐々に人間についての知識を増やしました。そして他文化からものごとを正しく判断するための刺激を受けました。同時にアルファベットや通貨を発展させ、葡萄畑とオリーブ畑を広げ、植民地の政治・経済・宗教・法律・芸術に大きな影響を与えました。

皆さんもご存知のように、地中海料理はユネスコの「無形文化遺産」として認められました。その地中海料理の中心的な材料はオリーブオイルです。私の家は農家だったので、祖父母はオリーブ畑を持っていました。彼らが搾ったオリーブオイルを、私は子どもの頃からパンにかけて食べてきました。ギリシャ人が持ってきた食物を含む文化を、彼らは先住民と一緒にどんどん発展させました。

一例ですが、ペストゥム博物館の中に素晴らしいお墓があります（お墓を素晴らしいといったらおかしいですけれども）。そのお墓は小さい部屋の形、箱型をしています。その壁にある絵が描かれています。それは先住民のサムニウム人と外国から来たギリシャ人の文化が混合されているのですが、見事な結果を生み出しています。私は学生に「先生、どうしてイタリアのデザインはこんなに素晴らしいのですか」とよく聞かれます。やはりこういう古い文化交流があったおかげだと思いますが、皆さんはどう思われるでしょうか。

もちろん世の中に理想的な文明はありません。ギリシャ人もそれなりに欠点がありました。結構恐ろしいことも起こしてしまいましたが、人間にできることなら何でもできた人々であるといっても大げさではありません。例えばメソポタミア文明、またはエジプト文明を考えてみてください。人間はどのように扱われましたか。もちろんそれぞれに見事な文明を生み出しましたが、エジプトではファラオのほかは皆、奴隷のような者でした。メソポタミアの民衆は王様の僕でした。ところでアテネ人は、自由人は誰の奴隷にもなり得ません。アテネは民主制度を生み出した都市国家でした。

私は、学生から「イタリア人は電車や地下鉄でお喋りばかりしていますね。何について話しているのですか」とよく聞かれます。確かに私たちはお喋りで、ファッションや今日何を食べたかなどどうでもいい話をする人も多いのですが、天気やファッションや料理以外に、政治の話が大変活発です。皆さんがイタリアの電車に乗ったことがあるかどうかわかりませんが、向かい合わせに座っている全然知らないおじさんの「こんにちは」という挨拶から始まり、「どこまで行かれるのですか」という質問、そのうち「ベルルスコーニはめちゃくちゃなことをしていますね」と話が進みます。そして「もうすぐ選挙ですね」などと活発な政治の話になります。それはたぶんギリシャ人から受け継いだ財産である、と私は考えています。

実際にギリシャ人は政治についてよく話し合った民族でした。「政治」はイタリア語で「politica」といいます。「politica」はギリシャ語の「ポリティコス」から来た言葉ですが「ポリスのための仕事」という意味です。ですから、政治は自分の懐を膨らませるために市民からお金を奪い取ることではありません。イタリアの国会議員は一ヵ月二〇〇万円ぐらいの高い月給を得て（電車や飛行機も無料、家賃も無料の場合が多い）大変良い生活をしています。しかし養うべき家族がいるにもかかわらず、労働契約なしに一ヵ月五〇〇ユーロしか稼げない国民が多いのです。これが「politica」といえるでしょうか。

とにかくアテネ人は真面目に政治をしないと大変なことになることを知っていました。ですから市民全員が政治家だったのです。これが面白いのです。市民は皆、政治家でした。もちろん町はそれぞれでした。スパルタの町は例外です。スパルタ人は障害のある赤ちゃんが生まれるとすぐに殺害したことは周知の事実です。その話はさておき、アテネの話に戻りましょう。

アテネでは紀元前五一〇年頃から民主政治が栄えていきました。アテネの政治構造の中心機関は五〇〇人の評議会（ブレ）であり、その議員はアテネ人が属する民族から五〇人ずつが平等に選出されました。そこで面白いのは、議員が貴族に限らなかったということです。ですから貧しい人もブレに参加できたのです。また、ブレに参加すると朝から晩まで仕事に忙殺され、貧しい人たちは仕事に従事できなくなるため、アテネ市は支援金を出していました。つまり、ブレに参加する金持ちは自分で生活費を賄い、貧しい人には市が援助したというわけです。このシステムをどう思われますか。紀元前五一〇年の話です。

ブレは身分の高い役人の仕事の指導や監視を行い、同時に戦争や都市国家の経済問題、法律、アテネの同盟都市、税金制度、宗教行事、軍隊などの課題について議論しました。これは最も重要な機関でした。

またブレの下にもうひとつの機関がありました。それは「エクレジア」といわれる民衆の一般議会でした。ブレとエクレジアが政治機関の中心でした。二〇歳以上のすべての男子がエクレジアに参加できる権利があり、都市国家に関するすべての議論が行われ、認可あるいは否定権がありました。ですから現代の民主主義とは異なりますが、非常に平等なやり方であったといえます。

ある時、私はN・D・フステル・デ・クランジェという専門家の本を読み、本当に感激したのですが、彼はアテネの政治制度についてこう記しています。

投票は重要であった。時には政治家と将軍、すなわち一年の間に自分の名誉と命を委ねる指導者を選出しなければならなかった。時には税または法令を変えることもあった。時には戦争を決めなければならなかった。しかし戦争を決めれば、自分と自分の子どもが血を流すこともおそらく意識していた。個人の利益は国家の利益と固く結ばれていた。したがって市民は無関心やいい加減な態度を取ることができなかった。間違いを犯せばその結果を自ら背負わなければならなかったからである。投票は自分の財産と命にかかわっていた。市民の義務は投票だけではなかった。市民はデモ（地方行政区）、または部族の行政官の仕事が順番にまわり、大体二年に一度、一年間のエリアステ、すなわち裁判官として勤める義務があった。争っている人の話を聞いたり、法律に準じて裁判所の中で一年間を過ごした。結局民主政都市国家の市民であることは重い役目であった。そのために一日中忙しく、個人の仕事と日常生活のための時間はほとんど残らなかった。(2)

つまり民主制度の中に生きる現代人の私たちは、どこかで大変な勘違いをしてしまったといえます。例えばちょっと前に日本で選挙がありました。私は学生に、特に私のゼミ生に絶対に選挙に行くように勧めました。しかし多くの学生が「選挙に行ったところで何にも変わらない」といいました。社会を変えるのは私たちです。一票で何が変わるのかと学生はいいましたが、私は「すべてが変わる」と答えました。

イタリアの若者も同じように社会に飽きています。失業率が高く、私の故郷のカンパーニャ州では失業率が二〇％～五〇％を超える町があります。やはり若者は政治に対して諦めがあります。でも諦めたらお終りです。だからこそ、このアテネ人の「スピリット」、つまりポリスを守る、守りたいという精神が大事です。

中世期の人々はそれをよく理解していました。中世期は暗黒の時代ではありませんでした。この偏見は一七・一八世紀のある歴史学の結果として生まれたものです。中世期は素晴らしい時代だったのです（もちろんどのような時代にも問題があります）。レジーヌ・ペルヌーの文献をぜひ読んでください。彼女は著名なフランス中世史家で、フランスの歴史博物館の責任者でした。特にジャンヌ・ダルクについての本をたくさん出版した方です。

中世期にポリスから受け継いだひとつの大事なことは「コミューン」制度です。ルネサンス時代に生まれた「シニョーリア」の都市国家です。

イタリアは多くの都市国家があり、市民が統治していました。おのおののリーダーを自由に選びますが、そのリーダーが町の役に立たなければ、市民はリーダーを罷免できました。ですから独裁制度はイタリア人にふさわしくないといえます。長い間のローマ帝国支配にうんざりし、もっと自由に自分の町を統治したいという精神が中世期からルネサンスの時代に生まれました。

イタリアが統一されたのは一八六一年です。その時までそれぞれの町は都市国家として栄えていました。多分これもイタリアの魅力かもしれません。さまざまなアイデンティティが共存しているという魅力です。必ずしもいいことばかりではなく、侵略されたり、いろいろな問題がありましたが、確かに多様性がある民族でした。ですから今日もイタリアの地方都市はさまざまな文化を持っています。もし皆さんがイタリアに行かれたなら、それを実感されると思います。北イタリア、中部イタリア、南イタリアは全く異なる文化が存在します。まるで民族が異なるかのようです。

とにかくアテネ人は政治に重きを置いていました。自分の町、自分の未来、自分の家族であるからこそ、自分の無関心によって一番害を受けるのは自分自身です。ですから非常に活発でした。

時間がないので、中途半端で申し訳ないのですが、次のテーマに入りたいと思います。

人間を大切にするというギリシャから受け継いだ精神について、少しお話しさせていただきます。確かにギリシャ人は人間の理性、人間の美を深く理解している民族でした。もちろん先ほど申し上げたように、彼らも過ちを犯してしまいました。男女平等に関する話題がありません。あの時代、男女平等論はどこにあったのでしょうね、教えていただきたい。

皆さん、紀元後一世紀に初めて男女平等宣言をした人が誰であったかご存じですか。それはダマスコのサウロという偉大な哲学者で、後に彼はパウロという名前でキリスト教徒になった人物です。そして紀元後六五年頃にローマで首を切られました。ローマのサンパウロ・フオーリ・レ・ムーラに彼のお墓があるといわれています。パウロは次のように書き残しました。「そこではもはや、ユダヤ人もギリシャ人もなく、奴隷も自由な身分の者もなく、男も女もありません。あなたがたは皆、キリスト・イエスにおいて一つだからです」（ガラテヤ人への手紙三章二八節）。

あの時代、パウロはこのように人々を大変驚かせる宣言をしたため、殺されたのかもしれません。ギリシャ時代に男女平等という意識はありませんでしたが、ギリシャ人は人間を大自然の中で最も美しいものとして考えていました。他のものを軽蔑していたわけではないのです。例えば賢い馬、賢い犬、美しい木、そして美しい花も彼らは賛美しました。ですから彼らは本当に優れた分野を発展させた人たちでした。それらは哲学（ギリシャ語で哲学は「フィロソフィア」といい、「知恵の友」という意味を持ちます）、天文学、科学、数学、幾何学（今でも私たちはギリシャ人が発明したピタゴラスの定理などを学校で学びます）などです。彼らは人間にできるすべてのことを崇高なレベルまで発展させたといえます。言い換えれば、野心のある人たちだったのです。

そしてまた彼らは美の探求者でした。そのひとつの結果は建築です。南イタリアのギリシャ遺跡を歩くと、今でも本来の街の美しさを感じます。この美しさはやはり「バランス」ではないかと思います。

機能性、素朴さ、バランス、美が見事に集結し、余分なものは何ひとつありません。美しく必要であるという要素こそが彼らのモットーであったのでしょう。

例えば今、神殿はボロボロです。あの時代、素晴らしい装飾が施され美しく彩られていましたが、今は白黒の柱だけが立ちつくすだけの屋根のない遺跡です。木材の屋根は失われましたが、このボロボロのものがなぜこんなに美しいのだろうと、いつも思います。

これは私が高校のときに使った美術史の教科書です。大学生レベルの難しい教科書でした。著者のアーガン氏はこういいます。「神殿は空間の中にあるものではなく、まるで空間の結晶化である」(3)と。つまりギリシャ人は自然に対して乱暴なことをしませんでした。自然な可能性を際立たせるといっても大げさではありません。ですから神殿を観察すると、その場にふさわしい建物として感じられます。

町の中は必要な建物がすべてバランスよく整っていました。現代の町とは異なり、大小高低差を避け、街全体のバランスを守りながら建物を建築しました。ですから、今日も私たちはこの美しさを享受できるのでしょう。

建築だけではなく、彫刻に関しても同じことがいえると思います。プラクシテレス、ポリュクレイトス、スコパスの存在なくして、ミケランジェロの存在もなかったでしょう。ギリシャ人があらゆる芸術の根幹を作ってくれたおかげで、ルネッサンスが発展できたといえましょう。なぜギリシャ彫刻が建築と同じようにこれほど美しいのでしょうか。全宇宙の中で人間が最も優れた生き物として、完全な存在に最も近い理想像であるという認識によって、人間像が彫刻のテーマとして最も好まれたからだと思います。当時の彫刻家が肉体の形態論に深い興味を持っていたわけではありません。作品を刻みながら、自然現象のまとめである人間を通して無限の空間を表現したかったのです。「無限の空間」、つまり彫刻家は「宗教的な仕事」をしていました。一瞬を止め、自分の作品にこの一瞬の動き、例えばある選手の動きを永遠性の中に投げたのです。有限のものを無限にさせたかったのでしょう。

残念ながら現代はほとんどレプリカしか残っていませんが、ローマ時代に作られたレプリカは大変優れています。ですからその彫刻に直面すると、本当に永遠性と無限を感じることができるでしょう。私は一六歳のとき、「サモトラケのニケ」という大好きな作品について美術史のレポートを書いたことがあります。これこそがギリシャ精神そのものを表現する素晴らしい作品であると思ったからです。それは現在、ルーブル美術館に収蔵されています。大きな階段の上にある「サモトラケのニケ」の前に立つと、本当に鳥肌が立ちます。しかし残念なことに、作品の前でピースポーズをしながら写真撮影をするたくさんの観光によって、その素晴らしい調和は完全に崩れてしまいます。

それは別として、なぜ一六歳のときからこの「サモトラケのニケ」が好きだったでしょうか。「サモトラケのニケ」は紀元前二二〇年から一九〇年におけるロードスの未知の彫刻家の傑作です。翼が開き、風に乗って飛び、衣のひだが風になびいて体を圧迫しています。物質の重みから解放され自由に飛び上りたいのに、足は地面にしっかりとくっついています。ニケは人間の精神をそのまま表しています。空間と時間の限界にうち勝ち、自由に飛び上がりたいのに、未だに実現できない人間の精神です。

人間はこの奇跡を自らの力で起こすことはできません。物質が重く、心が狭いからです。ここでギリシャ文明の限界が表れます。ギリシャ人は人間に出来ることすべてを全うしました。しかしこれほど頭が良かった彼らにさえ、たったひとつだけ解決できない問題がありました。それは、人間の痛みと死です。それらに直面した彼らは立ち止まるしかなかったのです。だからこそ、あの素晴らしい悲劇が描かれたと思います。アイスキュロス、ソフォクレス、エウリピデスはぞっとさせるほど恐ろしく素晴らしい作品を生み出しました。例えばソフォクレスの『オイディプス王』を考えてみてください。父を自分の親とは知らずに殺し、母親と結婚して、近親婚から生まれた子どもは哀れな運命を背負います。母親は自殺し、オイディプスは自ら目を刺して盲人になります。

なぜ、この美しく理性ある人間がこのような悪を犯してしまうのですか。あるいは自ら悪を犯さなかったにもかかわらず、他人の悪の被害者になるのですか。また健康でいたいのに病気になり、歳をとって死ななければならないのですか。なぜ若者までが死んでしまうことがあるのですか。

なぜでしょうか。彼らはこのような課題を説明できませんでした。もちろん結構魅力的な解決策を考えました（盲目的な運命、先祖が犯した原罪など）が、完全に納得できるものではなく、不満が残る論理ばかりでした。

私が最も魅力的な仮説として感じるのは、ギリシャ文明が生み出した天才中の天才、ソクラテスの言葉です。ソクラテスは権力者に対して頭を下げたくなかったので、死を選びました（日本の千利休の精神に近いかもしれません）。ソクラテスは真理に対して妥協を許しませんでした。彼自身は何も書き残しませんでしたが、彼の弟子プラトンが自分の指導者との対話を残しました。特に『パイドン』の中で、ソクラテスはこの切羽詰まった問題について弟子たちに教えたということです。

私たちがいくら、この人間という不思議な存在の神秘を理解したいと思っても不可能です。私たちが素晴らしく優れた生き物であっても、限界があります。私たちはこの限界を乗り越えることができません。ですから唯一の仮説として彼はこういいます。私たちはまるで深い海の前に立っています。自分と人生の意義の間に、この深い海があります。こちらから向こうには行けないのです。ですから神秘が向こうからこちらに来なければなりません。それを「啓示」といいます。

ずっと後のキリスト教時代に、このソクラテスの直感を偉大な思想家ガリラヤのヨハネという人物がより明らかに説明しました。歳をとったヨハネはギリシャ語で福音書を書きました。ヨハネは若いときにある素晴らしい先生と出会いましたが、その先生は権力者に殺されてしまいました。しかもひどい方法で殺されました。ヨハネはある手紙に、ギリシャ語で「オ・テオス・アガペ・エスティン」（1ヨハネの手紙四章八節）と書きました。その言葉はおそらく、ソクラテスが待ち望んでいた仮説であったかもしれません。それは「神はアガペである」でした。「神は愛である」という意味です。

私はアイスキュロス、ソフォクレス、エウリピデスらが考えた偉大で素晴らしい英雄たち、悲劇的な英雄たちが、今穏やかにそのアガペのうちに安らいでいることを願っています。

注

（1）A・ヴォルペ「イタリア文化の原点：ギリシャ、ローマ、キリスト教⑴古代ギリシャの財産：理性と美」『名古屋聖霊短期大学紀要』第一九号（一九九九年）、一〇五―一一八頁参照。

（2）N.D. FUSTEL DE COULANGES, *La città antica*, Laterza, Bari 1925, pp.150-153.

（3）G.C. ARGAN, *Storia dell' arte italiana*, I, Sansoni, Firenze 1972, p. 34.

参考文献

L'Europa ai tempi di Grecia e Roma, illustrazioni di A. MOLINO, Jaca Book, Milano 1985.

名古屋の伝統文化と姉妹都市トリノ

松原　武久

今日、お手元の資料を見ておわかりだと思いますが、多くの方はきちんとした論文になっております。私は一枚だけのぺらということで、私自身はこういうところで学問的な話をするような見識を持っている者ではございません。文化やアーカイブズなどについての専門家でもありません。ただ私は名古屋文化、あるいは大名文化というものを一番色濃く残している名古屋城の本丸御殿の復元、これは一五〇億円をかける大プロジェクトでございます。建物の大きさが約一〇〇〇坪でございますから、一坪当たり一五〇〇万円かかる。こういうような、とても貴重な文化財を復元するという仕事を決断するに当たりまして、非常にたくさんの資料を読まざるを得なかった。その立場からお話をさせていただきます。

この名古屋城の本丸御殿というのは、非常に幸福な誕生をいたしました。それは大権力者であります徳川家康の命によって作られたということです。一六〇〇年に徳川家康が関ヶ原で勝利し、一六一五年に大阪夏の陣で家康にとっていちばんの敵でありました豊臣を滅ぼし、そして、それ以後大きな戦争がない、そういう状況の中で生まれた。これは戦乱に巻き込まれないということで、木造建築物が持つ「焼ける」という宿命から逃れることができた、これが一つ。

もう一つは、その尾張の徳川というのは家康の九男の徳川義直を藩祖とする、特別な大名であったということです。特別な大名でありますからその格式に相応しい素晴らしい城を作る、こういうことでいわゆる天下普請というかっこうで作られた。戦争に巻き込まれない時代に生まれ、また大権力者が作った、こういう二つの幸運に恵まれた御殿、城であったということです。

そして、今日は御殿の話を中心にしますが、御殿は二五〇年間三六五日二四時間完全な管理の下にこの建物が保存されました。これは極めて稀なことでございます。

具体的には、この本丸御殿はまだセコムのない時代でございますから、内外から絶えず管理され、そして三日に一回掃除をしていた。これは極めて稀なことです。二五〇年の間に貴人が泊まる、貴人といっても御三家の筆頭の尾張よりも上の人は将軍しかいませんから、将軍しか泊まらない。将軍がたった三泊しただけであります。結果的に三泊するために二五〇年間管理し続けたという、極めて稀な御殿であった。そのことをこれから話していきます。

これは「一圓領知状」というものです。これが尾張の格式を決める決定的な証拠でございまして、これは時の将軍の秀忠から弟である義直が貰ったものでございます。こういったものを領知状といいますが、別名安堵状、要するに本領を安堵する。安堵するというのは安心するという意味に使っていますが、本領を安堵するということで書かれた。普通の安堵状には石高が書いてあるのですが、尾張のものだけは石高が書かれていない。「尾張一圓」と書いてある、これが極めて特徴的な点です。

それからもう一つの特徴は、将軍が権威を示すために、「お前のところにこれだけのものを安堵するぞよ」といって、将軍の代替わりごとに各大名を呼びつけて安堵状を渡すのですが、尾張だけは徳川二六〇年間を通じて一回も呼び出しを受けていない。または尾張の殿様が変わるごとに、本来は安堵状をもらうのでありますが、尾張だけは徳川一四代の間、一回も安堵状の更新を受けていないという、特別な格式の大名であったことを示す書付であります。

これが現在徳川園といって、大名庭園が復元されている二代光友の隠居所として作られたものでありました。

徳川園というのは現在の大曽根駅の辺りまで、そして矢田川の河川敷の河岸段丘のところまであるわけで、造形的にいってもその段があって非常に面白い御殿が造れる、庭が造れるというところにこの大曽根屋敷を造ったのでありますが、とても広大なものであったということの書付です。現在はもうその数分の一になっております。

これが、復元とはとてもいえませんが、新たに作られた改修工事後の徳川園で、池泉回遊式庭園の大名庭園になっております。池の北側から南の建物を見ているところ、画面に見えるのはレストランです。

この蓬左文庫の旧館というのはその右手にある小さな木造の土蔵造りのものでございまして、これはその旧館を含む東図書館時代の建物だと思われます。

これが現在の蓬左文庫で、尾張の御文庫でありますす蓬左文庫を改修して、中の骨組みはそのまま残っております。

この蓬左文庫はなぜ大事かというと、文書というのは宿命的に権力者が持っていても、権力者が変わればこれを持ちこたえることができない。具体的にいうと、江戸時代幕藩体制の下に集められた文書は明治時代になりまして、その旧大名家に引き継がれたのでありますが、旧大名家は例えば相続税であるとか、あるいは華族であったとしてもいろいろな税金を払わなければならない。あるいは仕事をしたことがないので収入がない。したがって持っている家財を売りに出す。そういう中で典籍というのは最も売りやすいものであったから、多くの大名文庫というものが散逸いたしました。そういう中にありまして、尾張徳川の大名文庫だけは、家康が大権力者でありましたから、誰かがよいものを持っているということを聞きつけますと、「おまえはとてもよいものを持っているそうだね」というと、それでは家康様に進呈いたしますといって持ってくるので、家康のところには和漢の貴重な典籍が集まりました。

稀代の読書家であったかどうかはわかりませんが、蔵書家であった家康の九男坊の義直が非常に読書好きで真面目な性格で、お父さんに大変可愛がられていた。家康が駿河に住んでいるときも九男坊の義直は一緒に住んでおりまして、非常に可愛がられていた。利発な子であると家康は思っておりましたので、御三家の筆頭として尾張藩ができるときに、駿河御譲り本という形で家康の持っていた蔵書の大部分は尾張の徳川に引き継がれました。これは極めて幸運なことであったと思います。

これは先ほどの「領知状」でありましたように、尾張は大名家としての特別な格式を保ちつつ、二六〇年間いろいろな政治的な紛争に巻き込まれそうになったことはございますが、基本的には無傷で幕末まできた。そして、明治になって旧大名家がいろいろな形で財政的に困窮する中で、尾張藩の大名の末裔、明治時代になって具体的には徳川義親ですが、とても英明な方でございまして、この方が財団法人化をして大名の文庫を残すことに成功した。それを戦後の混乱期に名古屋市が、昭和二七年であったと思いますが、多額の金を投じ買い取りまして、これを蓬左文庫として保存した。そういう形で全部まとめて大名文庫を残すことができた、その中のいちばんの貴重品が次にお示しするものです。

これが源氏物語の一番古い古写本、河内本源氏物語というのでありますが、これは藤原定家が書いたものといわれております。定家の書いたものを鎌倉時代ぐらいになって、誰かが書き写したかどうかはわかりませんが、当時は出版文化というものはございませんから、誰かが書いて残すより仕方がない。この河内本の源氏物語がその五四帖・蒔絵の箱に入りながらこの尾張徳川に残った。この中にある本もとても貴重なものでありますが、その蒔絵の箱の中にあるこの蒔絵も、美術品として素晴らしいものであります。そのほか「続日本紀」とか、いろいろなものが蓬左文庫には残っております。この蓬左文庫のすぐ隣にあります徳川美術館には「源氏物語絵巻」というものを収蔵しており、これは国宝でございます。この国宝の「源氏物語絵巻」は、源氏物語の場面を絵巻にしたものでございまして鎌倉時代にできたものでございますが、それとこの文書としての源氏物語が徳川美術館と蓬左文庫にそれぞれある。だから、絵になったものと文書が一体となって残っているわけでございます。

そして今回の徳川園の改修に合わせて、財団法人の美術館と名古屋市の博物館の分館である文庫が、一体的に展示されています。これは極めて珍しい例で、民間の財団法人と行政の直轄施設である博物館が一体的に運用されている例は私は知りません。そういう意味で、これは極めてうまい具合に展示できるようになった施設だというふうに思っております。

これは焼失前の本丸御殿の全景（写真1、次頁）でございます。

これからその本丸御殿の話に入っていくのですが、この写真は極めて貴重なものでございまして本丸御殿が全景写っており、そして小天守と天守閣が写っているという貴重な写真です。もっとわかりやすい写真はないか、といくら捜してもありません。

左下手前に大きな屋根が写っておりますが、写真でございますから手前のものが大きく写る。この大きな屋根が写っていて、これも御殿の一部と錯覚する方がありますが、これは実は塀の一種で倉庫だと思っていただければいい。名古屋城は立派な土塁で囲まれておるわけでございますが、その土塁の上に建っていた多門塀というのがあった。多門塀のところどころが大きく小屋のようになっていて、その中に武器と

写真1　焼失前の本丸御殿の全景

か食料を貯蔵するようになっていた。そういう建物が手前に大きく写っているので、あの建物のない姿が本当に本丸御殿がきちんと見える姿だというふうに思います。

これを見ていただくとわかりますように、まあフロントがかなり窮屈ですね。この窮屈であったことが、本丸御殿を本丸御殿たらしめた大きな理由である。と申しますのは、窮屈であったがゆえに尾張藩の政庁として使うには手狭。義直はここにしばらく住みましたが、五年ぐらい住んでここを明け渡して二の丸御殿を造り、居宅兼政庁にいたします。この二の丸御殿は本丸御殿の三倍ぐらいの規模があったといわれており、本丸御殿が約一〇〇〇坪ですから二の丸御殿は三〇〇〇坪ぐらいのとても巨大な建物であったと思われます。そちらに移って彼は

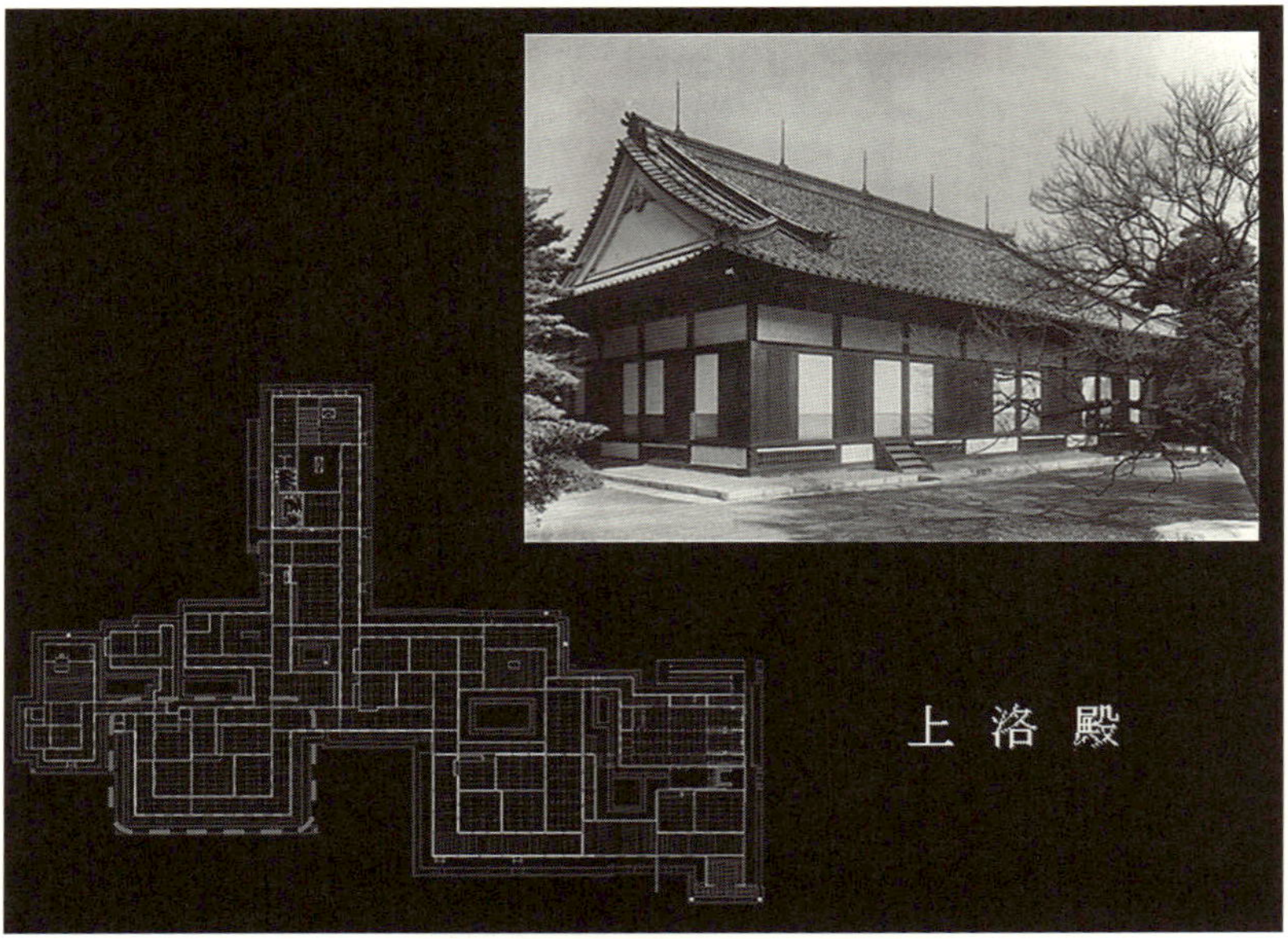

写真２　上洛殿の全景および平面図

政庁としました、その建物が政庁の役割を果たすと同時に、そこで義直は暮らすようになります。したがいまして本丸御殿は元和二年から四年ぐらい後、元和六年以降は主のない建物になっていったということでございます。これは、基本はフロントが窮屈であって手狭な家で、例えば庭で能を観賞するというようなことをやろうとしても難しい。能楽殿を作るというような余地もない。こういうようなことで義直は二の丸御殿の方へ移ったのではないか。これは私が勝手に思っているのでありまして、歴史家に馬鹿なことをいうなといわれれば、はいというだけであります。

これが上洛殿(写真2)の全景であります。これはいわゆる武家風書院造りの中でも最高傑作といわれる建物でございます。

写真３　上洛殿一之間東北側

それで、これは南東側から見た上洛殿の全景でございます。平面図のところに赤い点線で区切られておりますが、あの部分でございます。

見てみると変哲もない御殿でございますけれども、この上洛殿が極めて素晴らしい、たぶん日本最高のものであるという理由を次以降のパワーポイントで見てみたいと思います。

これが上洛殿一之間東北側(写真3)。一之間というのは上段之間に次ぐ位の高い人が入る部屋でございますが、この部分を見ていただきますと上洛殿は基本的には将軍専用の客殿でございますが、この上洛殿の中のこの空間が素晴らしい美術空間であったということでございまして、襖絵は当代一流の絵師集団であった狩野派の若きリーダー、狩野探幽の描いたと思われる帝鑑図がこの四面の襖に書かれております。上のものは欄間彫刻でございまして、欄間彫刻は極めて見事なものでございました。

この下の襖絵は焼失前です。焼失したのは一九四五年五月一四日でございますから、焼失二ヵ月前に取り外して、乃木倉庫というところに移されておりました。それで焼失を免れました。現在ではこれは極めて貴重なアーカイブズになっておる、ということであります。

上の部分は欄間でございますから取り外しができませんでした。したがってこれは焼失してしまいました。後で話しますが、この欄間も全部ガラス乾板で撮影されて、これが貴重なアーカイブズで残っている。これを元に現在復元ができるということでございます。この欄間の厚さは大体八〇センチ、想像してみてください、とても厚いものであります。とても見事なもので、この八〇センチの厚さというのはとんでもないものだなと思います。日光の陽明門にあります彫刻を思い起こしていただければいいと思いますが、そのぐらい重厚なものであったといわれております。

これは上洛殿上段之間東北側（写真4、次頁）です。この上段之間というのは上洛殿の中でもさらに高い位の人が入る部屋でございまして、歴史上でいいますと、上段之間には三代将軍の家光が二泊しただけでございます。一四代将軍の家茂も本丸御殿に泊まっておりますが、生まれながらの将軍であります家光は特別な将軍でございましたので、家光に遠慮したのか彼は一之間で尾張藩の当主と対面して、上段之間には入っておりません。

この上段之間は二重折上の格天井といいまして、上の方が二段に折れ曲がって巻き上げてあります。そ

写真４　上洛殿上段之間東北側および帝鑑図

れぞれの枠は極めて重厚な漆塗り、それに金蒔絵が施してあり、飾り金具で飾られております。

残念ながらこの格子は全部なくなりました。その曲がっている一枚一枚の絵は、一九四五年二月に取り外して、皆乃木倉庫に仕舞ってあったために、絵そのものは残っております。それで現在これは重要文化財に指定されております。

下の上洛殿の帝鑑図（写真４）ですが、天井のすぐ下の広いところにあるのは、壁に付いていた絵でございます。壁に和紙が貼り付けてある壁付きの障壁画でございますから、これは残念ながら焼けてなくなってしまいました。

その下の襖絵は、全部取り外して保存されております。見ていただきますと、普通の襖に比べると框の部分が極めて広い。この広いということはそれだけの格式を表すわけでございます

写真５　上洛殿の一之間より上段之間東北側を望む

が、その框の部分にも非常に重厚な飾り金具が付けられており、なおかつ金蒔絵で装飾されている。現在こういったものもすべて復元しなければならない。そのためには名古屋の文化の一つでありますか物造りの技術に大須仏壇がありますが、その仏師の皆さん方の力を全部結集しないと、こういったものは復元できないだろうと思われております。

これは明治になって上洛殿の一之間より、上段之間東北側を望む（写真５）と書いてありますが、上段は一段上がっています。だから上段之間というのですが、いろいろな御殿にも皆上段之間はあります。しかし本丸御殿の上段之間は一般的な上段のものよりはかなり立派です。

この手前の一之間の上を見ていただきますと格天井になっておりますが、折上の二重にはなっておりません。ここにその部屋としての格の違いを出している。そして、その上段之間には絨毯が敷かれていて、京都の西陣で織ったような立派なテーブルクロスが掛けてある。これは明治天皇が離宮期の名古屋城の本丸御殿にお越しになったときに、ここで過ごされたときの様子が写っております。

明治時代になって、名古屋城の本丸御殿は名古屋離宮といっておりましたが、離宮として使われた頃の様子を示したものでございます。

ここで非常に注目すべき点は、明治時代になってご承知のように天皇家は洋風の暮らしをしておられました。ですから靴を履いて畳の上も歩かれたので、全部絨毯を敷いてあった。それで椅子に座られるという生活をしておられた。そういう離宮であって天皇が御成りになるところであっても、例えば襖なんてものは始末が悪いから取り替えろ、ガラス戸にしなさいというようなことは一切なく、この本丸御殿にほとんど基本的な造作に関しては改変が加えられていない。これが極めて大事なことだと思います。

これは帝鑑図の芙蓉の花が描かれています。この後ろにたぶん影武者が隠れているところだと思うのですが、これを拡大したものでございまして、その框の部分の重厚さ、そして狩野探幽が書いたといわれています帝鑑図（写真6、次頁）、これも拡大でございます。

これは名古屋城本丸御殿の御間之図（写真7、一二五頁）というので、とても貴重なものでございます。こういったものがあることによって、名古屋城の本丸御殿が正確に復元できる。この御間之図は江戸時代のものでございます。

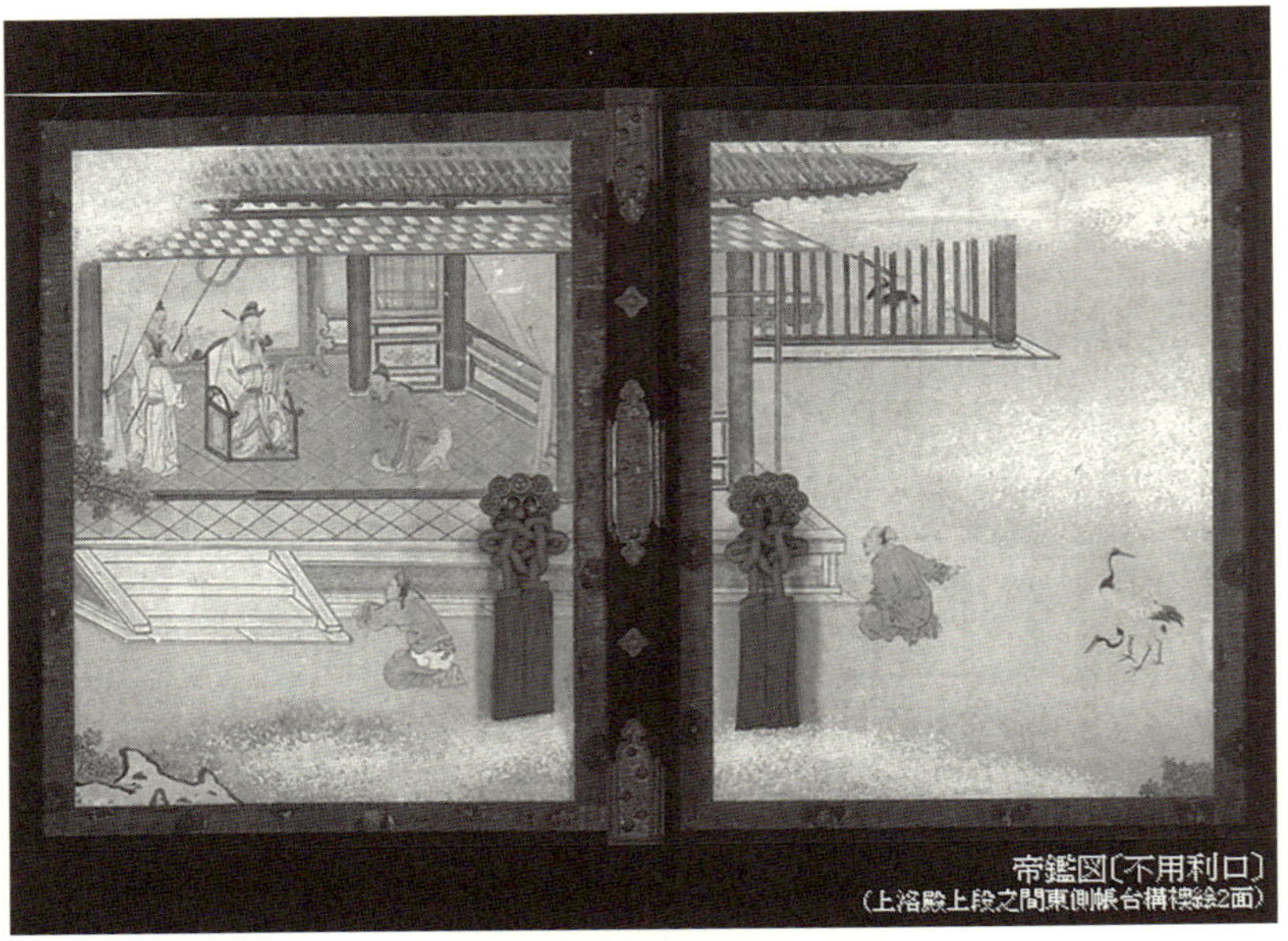

写真６　帝鑑図

名古屋城の本丸御殿は先ほど申しましたように、徳川家康が造らせたわけでございます。そのときに家康は、自分が使っている大工の棟梁の中でも一番偉いのを派遣している。その人が指図して書いた図面であろうと思われております。山城守というのですから、その大工の棟梁は山城守という位をもらっている。作庭は小堀遠州だといわれております。そういった当代一流の者を家康はここ名古屋に派遣してこの人たちに城造り、御殿造りをさせたということでございます。

なお、この実際のものは変遷を経て多少建物の大きさは変わっておりますが、このときのものは延べ床面積約三一〇〇平方メートルといわれております。

奈良東大寺の大仏殿、あれは延べ床でいうと

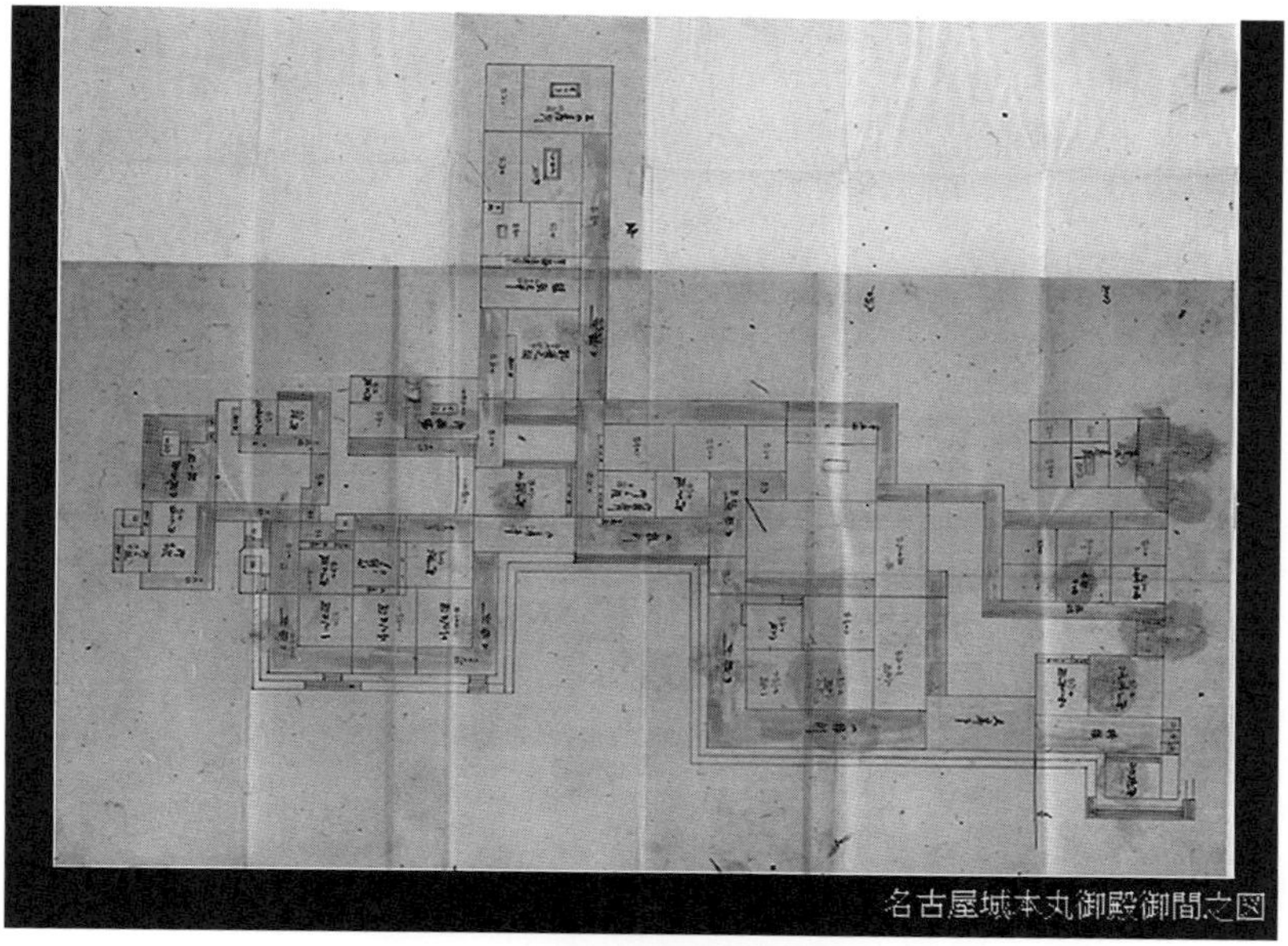

写真７　名古屋城本丸御殿の御間之図

何平米ぐらいだと想像されますか。世界最大の木造建築物といわれており、容積でいえば文句なしに東大寺の大仏殿が大きいと思います。延べ床面積を調べてまいりましたら、東大寺の大仏殿は二八七八平方メートルということでございまして、名古屋城の本丸御殿の方が延べ床面積でいうと三〇坪ぐらい大きいわけで、今風の言い方ですと、世界最大級の延べ床面積を持つ木造建築物となろうかと思います。

これが先ほどからいっております、これもとても貴重な写真でございまして、一九四五年五月一四日の午前六時頃、御前崎から来襲したB—29の空爆を受けて名古屋城の天守閣が炎上している様子でございます。このとき初弾の投下は八時〇五分といわれています。

なぜこんなに詳しくわかるかというと、焼失

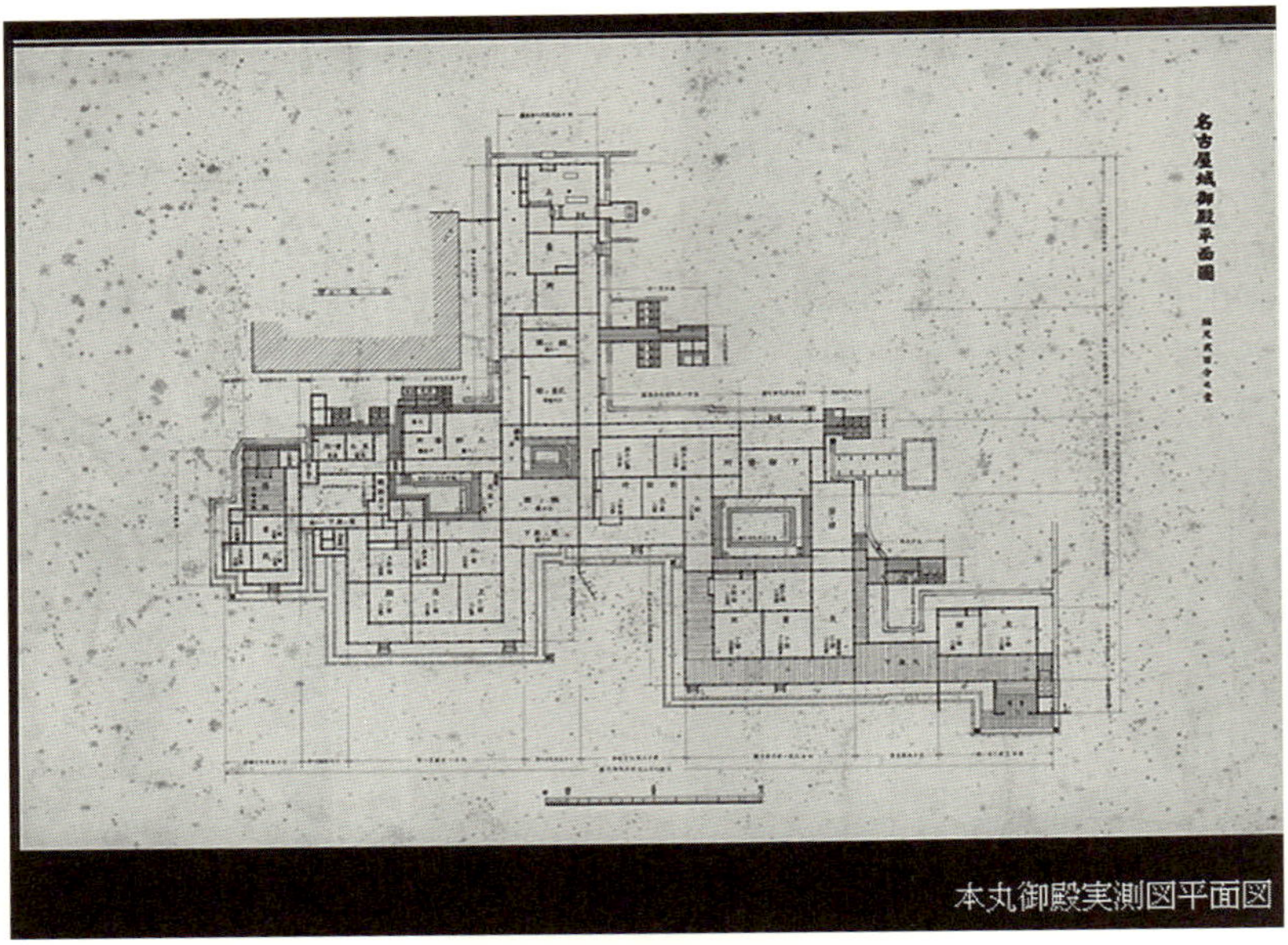

写真８　本丸御殿実測図平面図

した後当時の名古屋市長が、六月三日に宮内省宛てにその滅失届けを出しています。そのときの詳細な記録に八時〇五分初弾投下、二千数百発の焼夷弾が投下され御殿焼失は九時五〇分、取り外し困難な障壁画一四四面焼失という報告がなされております。これは全文を読むと、とても感動的な記録でございます。

要するにこの一四四面焼失したということは、全体で一〇四七面あったうち壁付きのもので取り外し困難なものは焼けてしまいました。しかしそのほかのものは、とにかく焼ける三ヵ月前に疎開して無事であったということです。このような木造建築物あるいは紙でできたものが残るということは極めて貴重でございますから、そういう意味で文化財を大事にしようとした人たちが戦争の真っ最中に、日本の国はあと半年

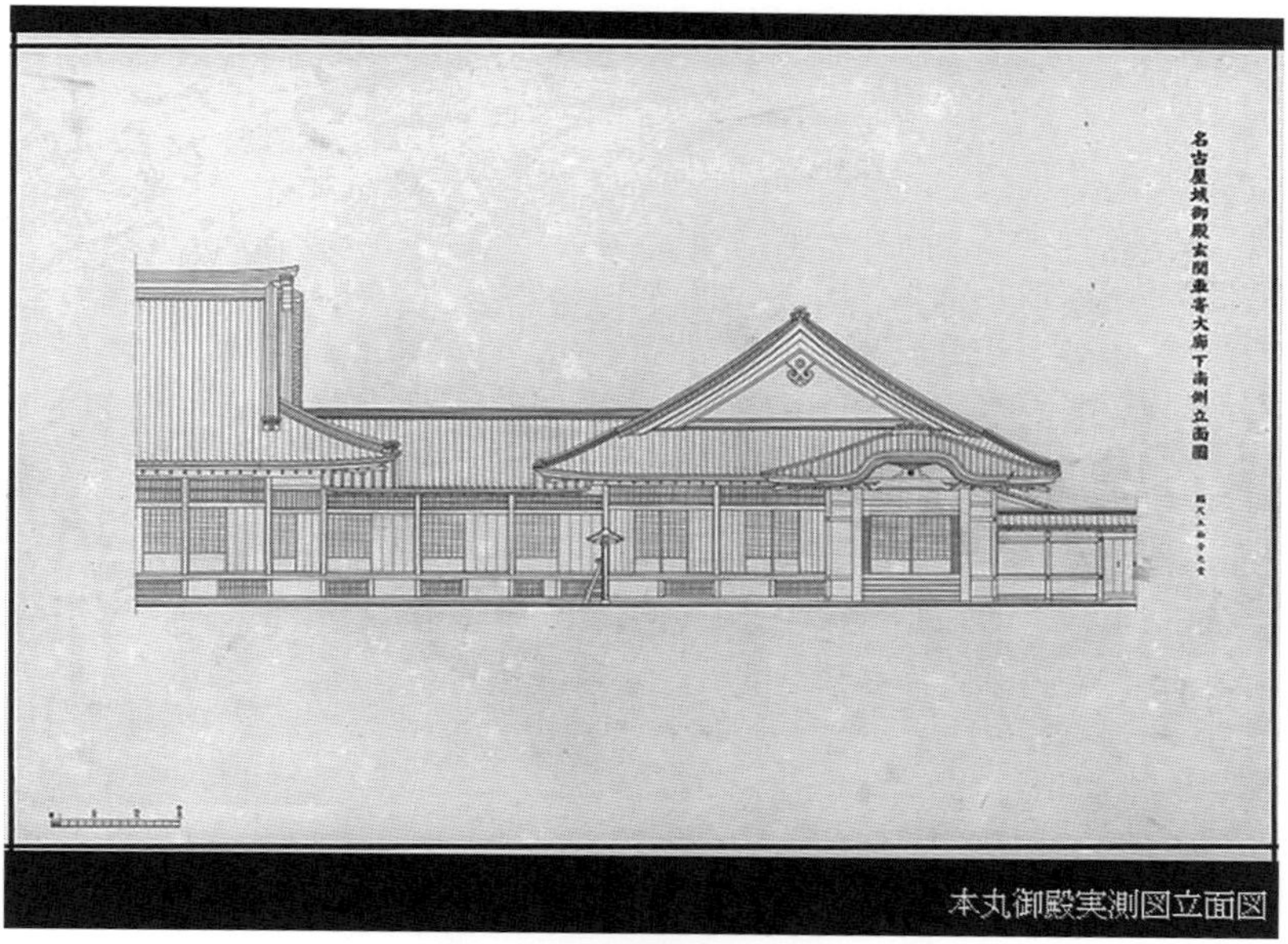

写真９　本丸御殿実測図立面図

で敗戦するというような状況の中でこれをしたということで、私はとても貴重なことだと思っております。私が本丸御殿復元をやろうと意を決した大きな動機は、この滅失届けの記録を読んだときでございます。

これは昭和五年に名古屋城の本丸御殿が国宝に指定されたときの平面図（写真８、前頁）。先ほど離宮期といいましたが、離宮期を経て昭和五年国宝制度ができて、国宝第一号に名古屋城の本丸御殿および天守閣などが指定されました。国宝に指定されますと当然いろいろな調査をしなければならない。こういうことで名古屋市の管理になったわけでございますが、これは名古屋市が総力を上げて本丸御殿の調査をしたときの平面図です。

これが側面図（写真９）。これは玄関部分で、

写真10　本丸御殿ガラス乾板

今回公開される部分でございます。

これはその本丸御殿のガラス乾板（写真10）。昭和五年に国宝に指定されましたが、このガラス乾板で撮影するという大事業が始まったのは、それからさらに一〇年経った昭和一五年からでございます。

このガラス乾板で撮影をしたということは、離宮に指定され、離宮から国宝に指定されて、いろいろな形で記録を残さなければならないとなったとき、ガラス乾板で保存するのが当時一番よかろうと考えてガラス乾板で保存した。

そのときの写真の撮り方でございますが、これは襖なども全部取り外して一枚一枚全部自然光で撮る、そしてなおかつすべての画面を正対して撮るという悉皆調査でございましたから、小さな壁付きの絵とかそういったものも全部撮

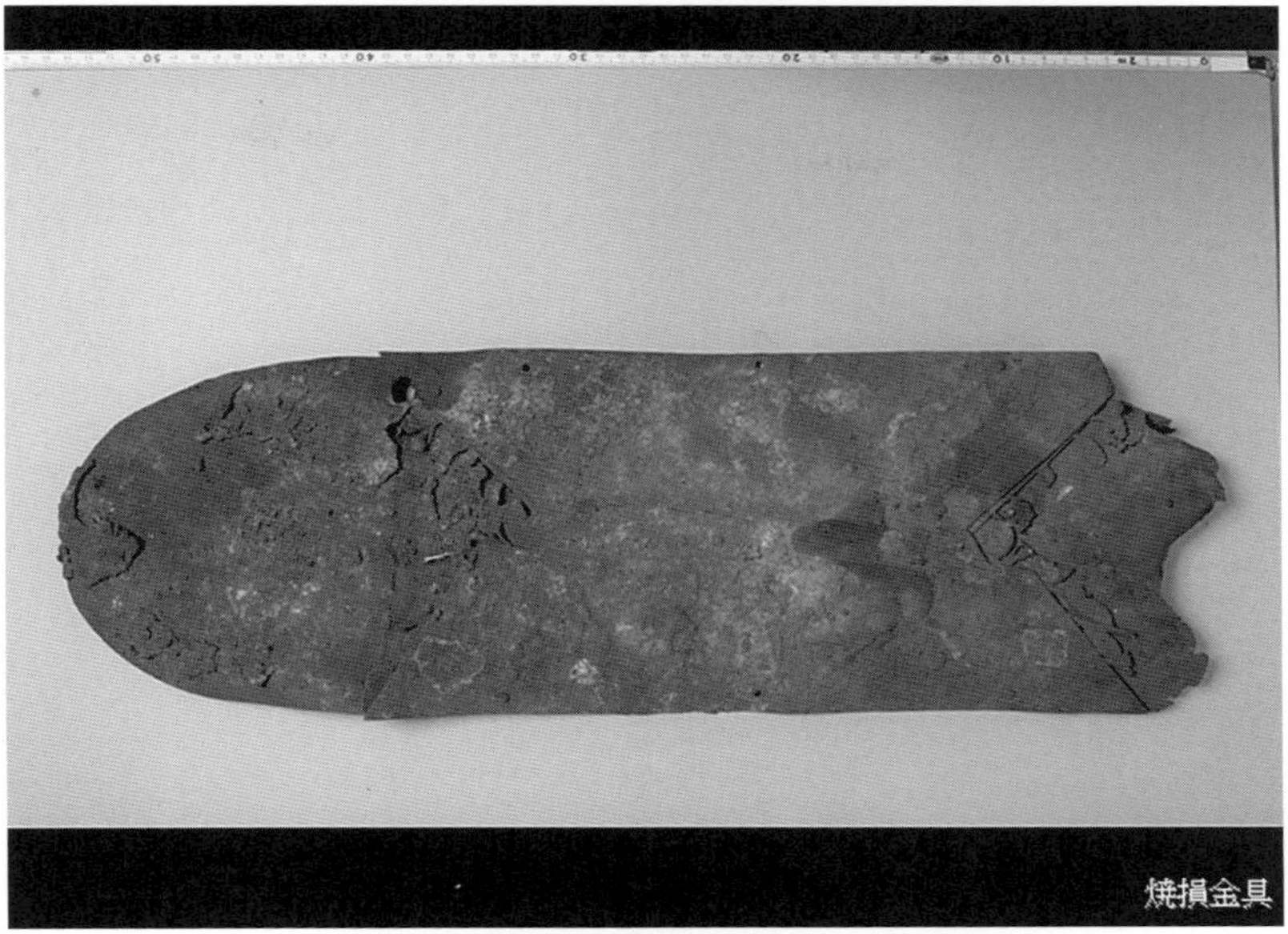

写真11　名古屋城が焼け落ちたときの焼損金具

影しております。極めて貴重なものでございます。

ただ、現在ガラス乾板で保存されておりますが、これは劣化をいたしますので、今デジタル化するということが焦眉の急になってきております。

現在予算が足りなくて、滑った転んだといっておりますが、文化に予算が足りないので、できないということをいい始めたら、もう私はだめだと思っております。こんなものは大体年間一〇〇〇万円ぐらい掛ければできる話でございますから、やればいいと思っております。

これは昭和二〇年五月一四日名古屋城が焼け落ちたとき、そのときの焼損金具（写真11）です。焼け落ちたときに金具類は焼けませんでしたから、これが焼け跡の中に残っていたわけで

写真12　竹林豹虎図（上段：オリジナル　下段：復元模写）

ございます。戦後の混乱期の昭和二〇年一一月頃これを全部焼け跡から拾い集めて、後世の資料として残しておく。そのときには復元できるとは誰も思っていなかったと思います。ただこれを当時鉄屑とい うのはわりと高く売れたのですが、鉄屑として売らずに全部集めておいた。これはとても大事なことだったと私は思っております。現在、写真と焼け落ちた現物とを突き合わせることによって、これをまた復元することができるか否かはまさに飾り金具職人の腕の見せ所だと思っております。

一部の方は、見に行かれたと聞いておりますが、これは本丸御殿の障壁画（写真12）で戦前は国宝、戦後新しい国宝制度ができた後重要文化財になったもので、玄関にあります、武家の力の象徴である虎と豹を描いた竹林豹虎図といわれるものでございます。

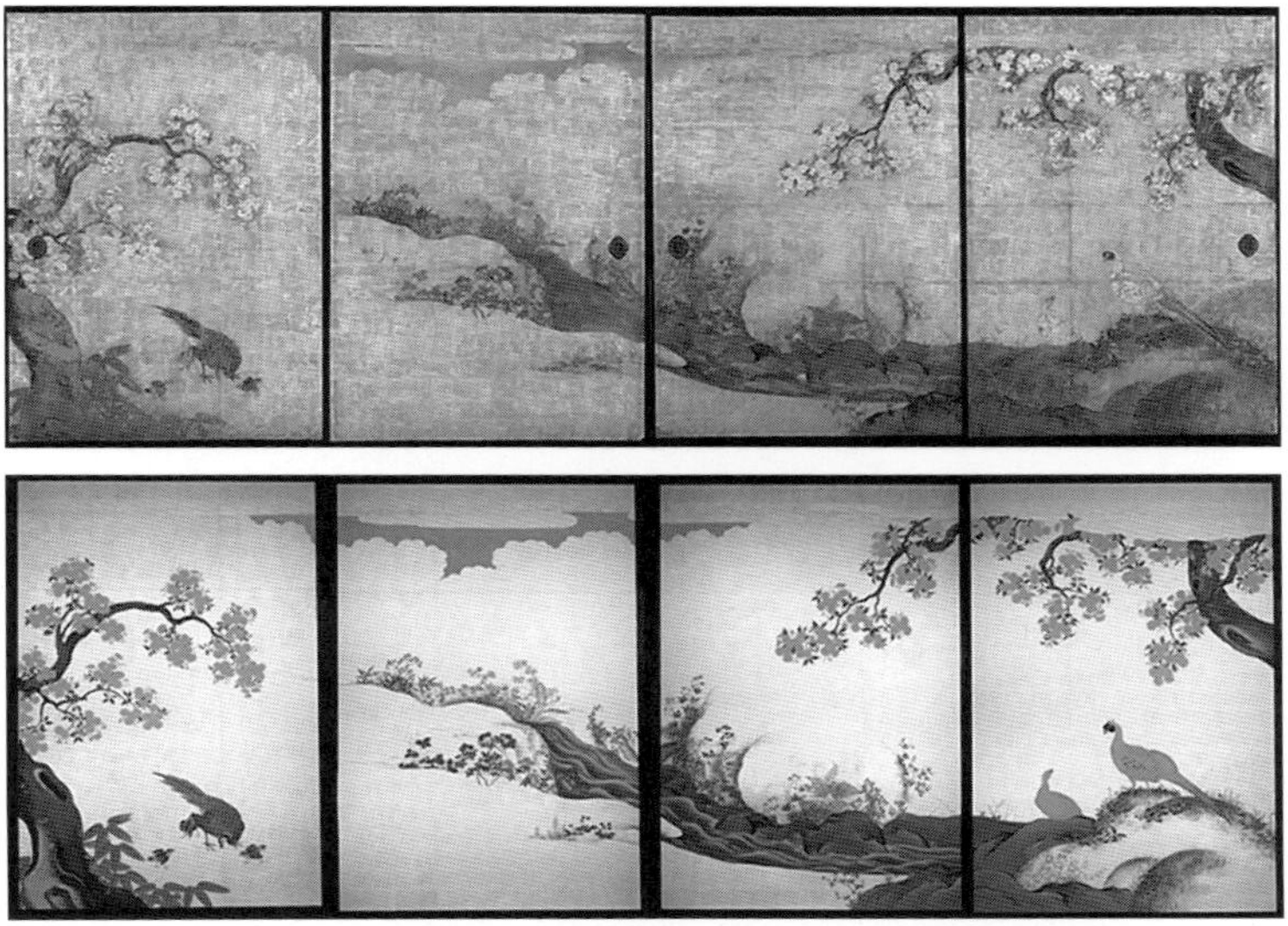

写真 13　桜花雉子図（上段：オリジナル　下段：復元模写）

下が新たな絵師集団によって復元されたもので、上が江戸時代の狩野派の書いたものでございます。現在のものは金箔等非常に鮮やかになっておりまして、新しい御殿にはこれが入る予定でございます。

これは桜花雉子図（写真13）といいまして、戦国時代末期の勇壮華麗な障壁画から、かなり流麗優美な障壁画に変わってきた画風の変化を示すものです。本丸御殿が二十数年かけてできたために慶長期から寛永期の画風の違いを、この絵から見ることができます。

上が重要文化財、下が復元で非常に色鮮やかに復元されております。写真や現物そのものから研究調査した結果、顔料を特定してこのように復元したものでございます。

これは風俗画（写真14、次頁）でございまして江戸時代の風俗がよくわかるように、下を見るとこの

写真 14　風俗図（上段：オリジナル　下段：復元模写）

群青色というのが極めて色鮮やかになっていることはわかります。こういった顔料の特定等は本当に艱難辛苦の結晶だと私は思っております。

これはいよいよ、本丸御殿を作り直そうよという機運が出てきたときに、裏木曽の加子母の辺りから天然の檜を運び込んで、イベント仕立てで復元機運を盛り上げようという御木曳の絵（写真15、次頁）でございます。

これは本丸御殿復元の様子（写真16、次頁）で、見ているとなんかコンクリートの基礎ではないかとお思いになるかもしれませんが、実はこのコンクリートの基礎の下に本丸御殿の古い礎石をそのまま残し、その上に人工の基礎を作り、その上に御殿を作ると、こういうことをいたしました。前のものを使うという選択肢もございましたが、一度焼けておりますから、石の表面が劣化しているということで、

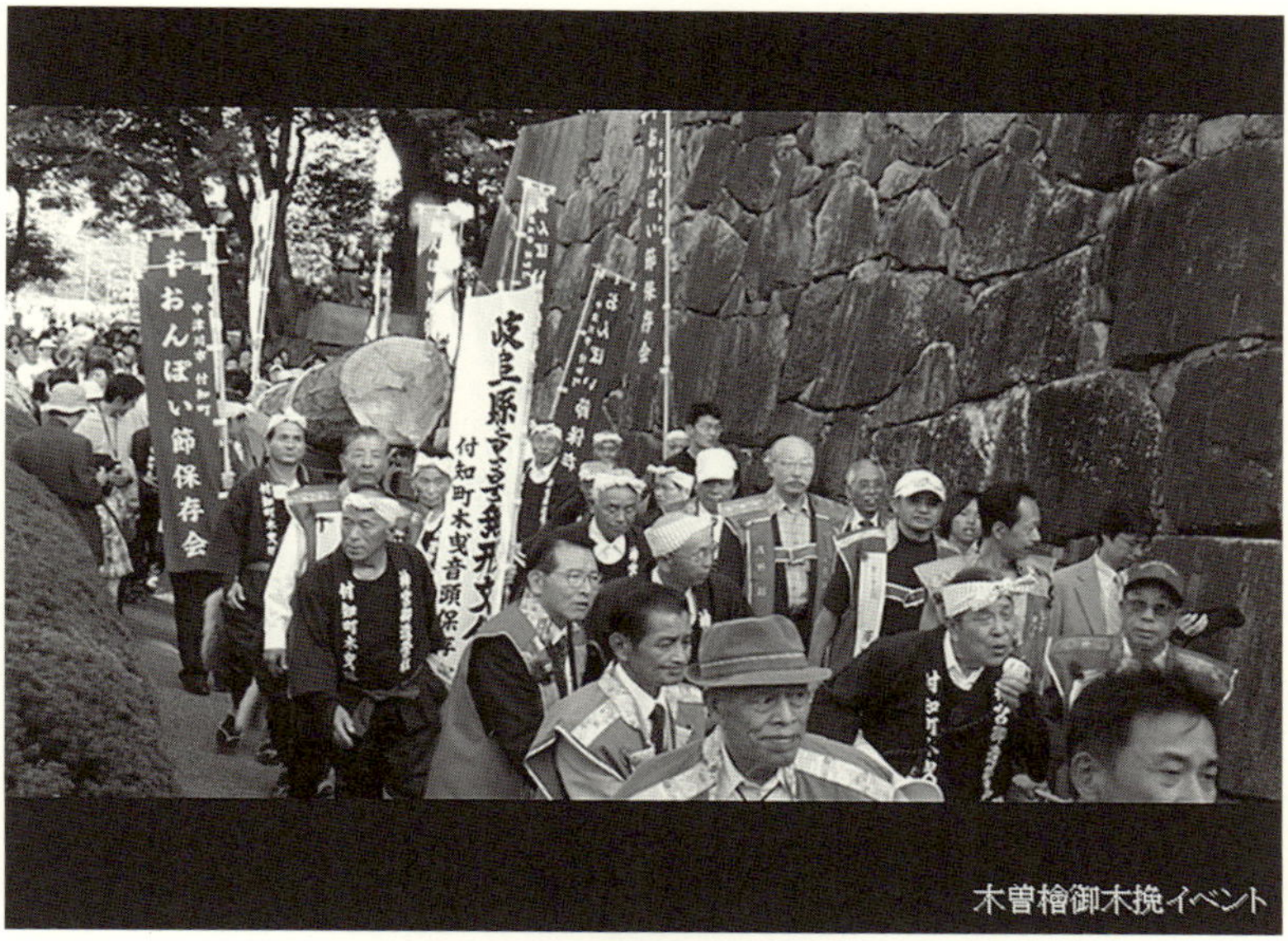

写真 15　木曽檜御木挽イベント

写真 16　本丸御殿復元の様子

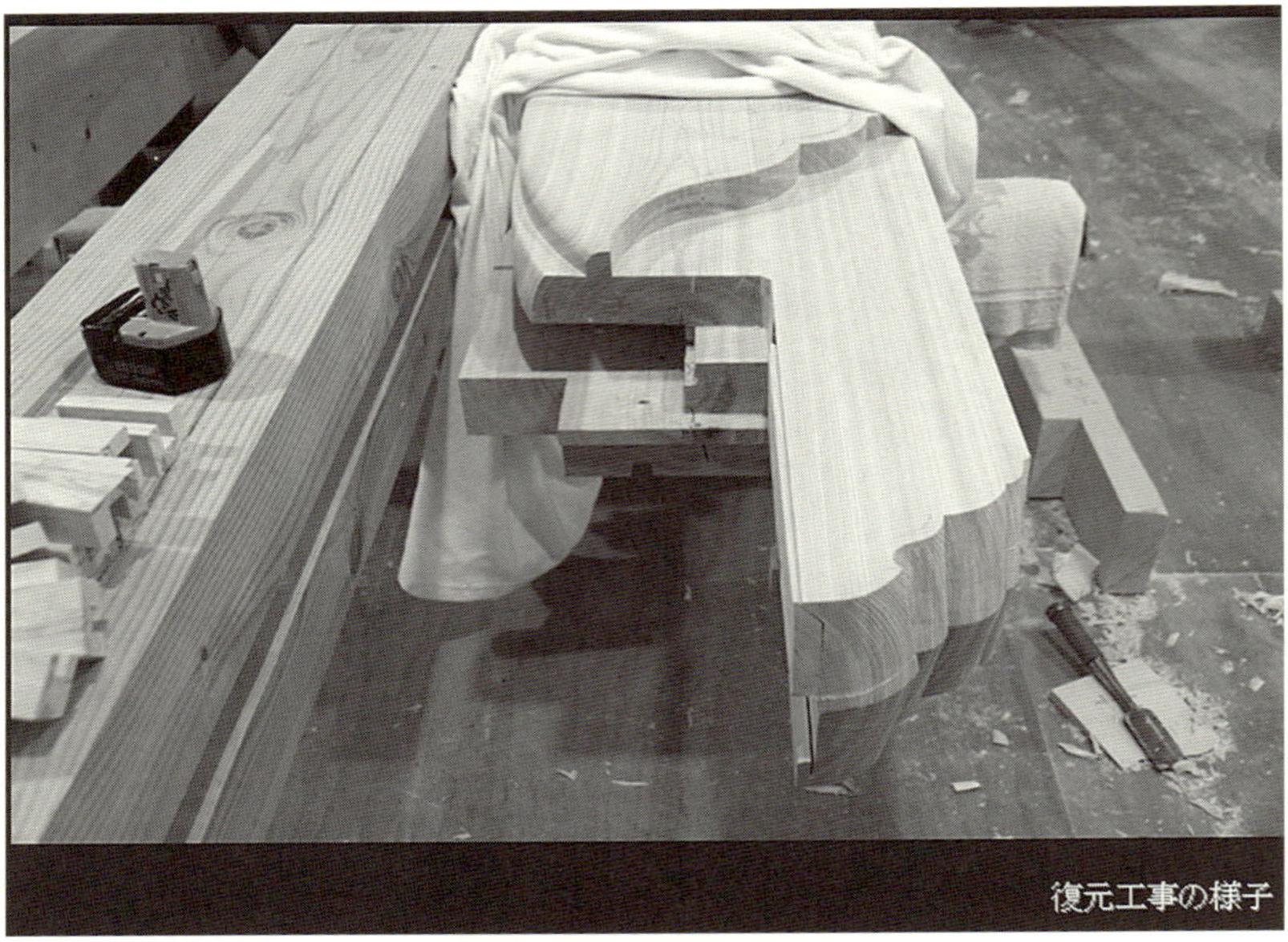

写真 17　釘を一本も使わずに組み立てる巧みの技

本物は地下に永久に保存するという形にいたしました。

これは釘を一本も使わずに組み立てる、巧みの技といったようなものを示す拡大図(写真17)です。

これが今玄関の部分だと思いますが、こけらを葺く前の様子（写真18、次頁）です。

これはこけら葺の様子（写真19、次頁）です。こけらというのは椹の木で、五ミリぐらいの厚さのものでございました。これを五センチずつ、ずり下げて打っていきます。普通の釘を使いますとその部分が腐蝕しますから、全部竹の釘で打っていきます。一番最初にできていたのはこけら葺でした。途中で保存のために瓦葺に変わっておりますが、今回は慶長期のものを復元するということでございますので、こけら葺で

写真18　こけらを葺く前の様子

写真19　こけら葺の様子

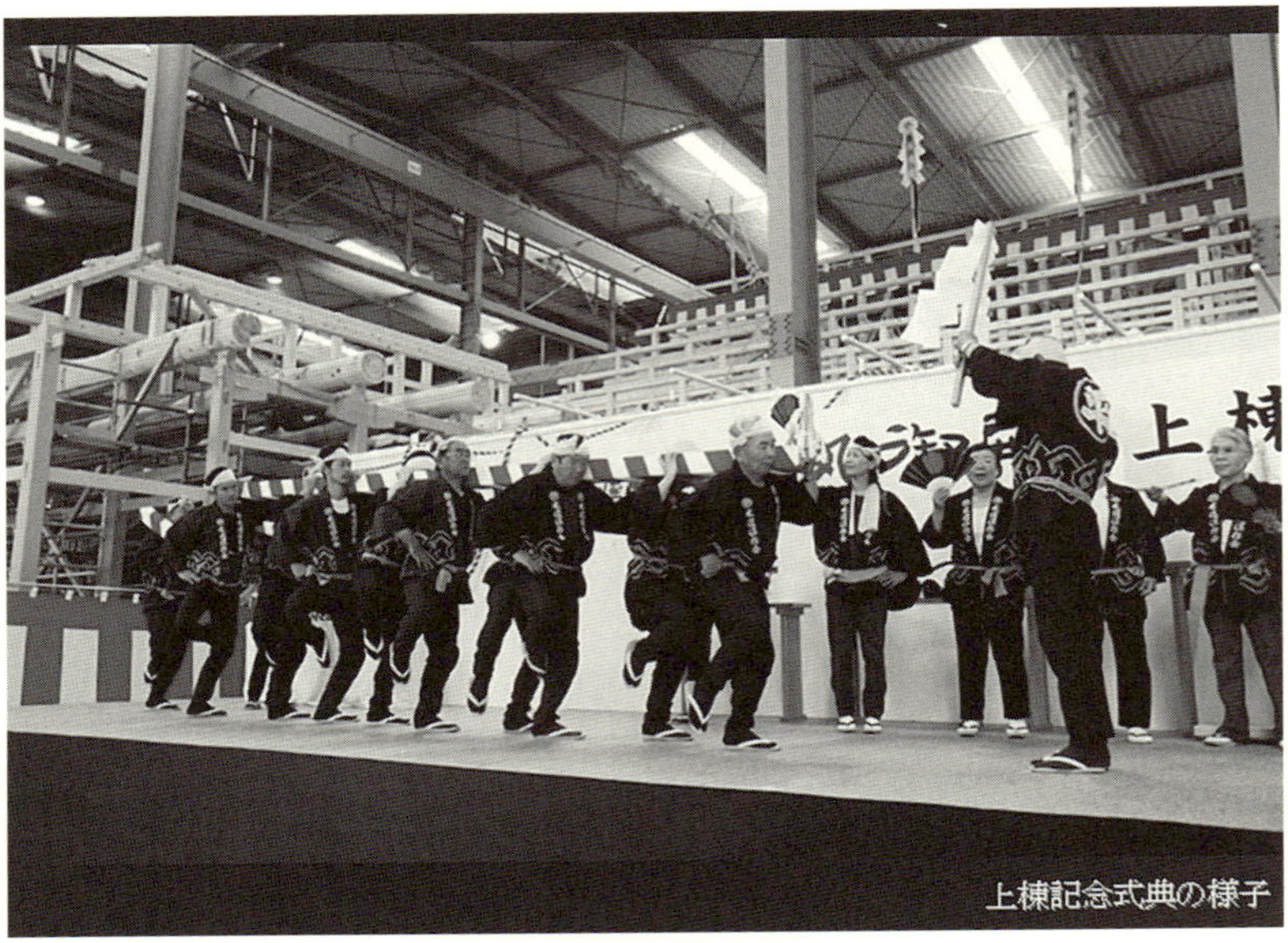

写真 20　上棟式の様子

写真 21　復元工事の様子

写真22　完成イメージパース（東南方向より）

やります。

これは上棟式の様子（写真20、前頁）で、いよいよできあがってきてよいなと思って頑張ってやっているところですね。これは大工の棟梁さんたちの集まりでございます。

これは復元工事の様子（写真21、前頁）で、玄関部分と中の口部屋と表書院が重なっていると。このように反りを持ったこけら葺きの屋根が重層的に重なるという、極めて精巧な建物でございます。

これは完成イメージパース（写真22）でございまして、東南方向から見た図。その前の方に石垣から少し見えておりますが、実際はこの石垣はかなり高い。したがって、フロント部分はやはり圧迫感があると思います。このパースを示すときにはいつも前の方はかなり省略して示しております

写真 23　トリノ市との姉妹都市調印の様子

から、前は広々と見えますけれども実際にできあがって前の石垣が目の前に迫っている様子を見ますと、かなり圧迫感があります。飾り金具が飾り付けてあり、金色に輝くのがこのこけら葺の特徴ですから、このように金色に輝くものと私は思っております。

本丸御殿関係はこれで終わりますが、日伊文化交流シンポジウムでありますから、イタリアのことに少し触れなければならないので、トリノのことを手短にお話します。

これはトリノと姉妹都市提携したときの私とキアンパリーノ市長が握手しているときの様子(写真23)。これは後で記者会見をやっているときの様子（写真24、次頁)。

これはサローネデルグスト。私がイタリアでこのサローネデルグストに参加いたしまして、

写真 24　トリノ市との姉妹都市調印後の記者会見

イタリアの食文化の豊かさに感心いたしました。

これを煎じ詰めていきますと、イタリアの食文化は地産地消、そして地域の自然をきちんと残してきている、これがイタリアの食文化の特徴だというふうに私は思いました。そういう意味で、もう輸入食品ばかりに頼っている日本はいかんと思って、反省のためにこの会に参加しました。

そしたら、おまえさんはテープカットをやれといわれました。イタリアにはテープカットというような習慣はないみたいで、私一人だけでテープカットをやってきました。

これがスローフード協会のマーク（写真25、次頁）、これは蝸牛のマークで、要するにこれを見ますと、スローフードでゆっくり飯を食うということじゃなくて地産地消で地域食材を大事

写真25　スローフード協会のマーク

にするということで、地域の文化・自然をきちんと残している。例えばチーズ一つも地域の文化だと、こういう考え方なのです。

トリノの近郊、ブラ市の市長さんとお会いしました。田舎のおっさんみたいな人でございましたが、その方がいろいろいっておりました。

このチーズはとても美味いねと私がいいましたら、おまえさんこのチーズが美味いのがなんでかわかるかと問われました。いやこれは古いから美味いのでしょうといったら、そんなものではない、あなたはトリノから五〇キロも走ってきてこの美味さの秘密がわからないのかといわれて、よくわからないといいましたら、これはあそこにいる牛のせいだと、牛が出すそのお乳がいいのだと、その牛のお乳がいいのは草がいいからだと、その草がいいのは山があるからだ。山から出るきれいな水、ミネラルが豊富な水でできた牧草、それを食べた牛がいい乳を出すからいいチーズができるのだと。

要するにいいチーズを作るためには、すべての自然をきちんとした形で保全しなければならないと、市長にこんこんとお説教されて、私は日伊の文化の違いというようなものを感じて、日本の国は効率ばかり追い求めた結果いろいろなものを失ったということを思いながら、帰途に就きました。

［資料提供：名古屋城総合事務所］

日本的気配りとその継承

中村　孝太郎

ご縁がございまして、末席を汚させていただくことになりましたが、どうぞ宜しくお願い申し上げます。

私は議員ではございますが、呉服屋でもあります。近ごろ皆さんあまりきものをお召しにならなくなりました。世の中のほとんどが洋風化され、日常生活を送るうえで、きものはとても不便なものになりました。

生活環境あるいは食生活の変化により、脚の長いスタイルのよい女性が多くなってまいりましたので、いざきものを着ていただこうということになりますと、体型補正をしなければなりません。

それやこれやで、きもの離れが進んでいるわけでございますけれども、近頃の若い方には、古典柄が似合わなくなってまいりました。ホテルのシャンデリアの下では映えるのですが、日本的にいいますと薄暗

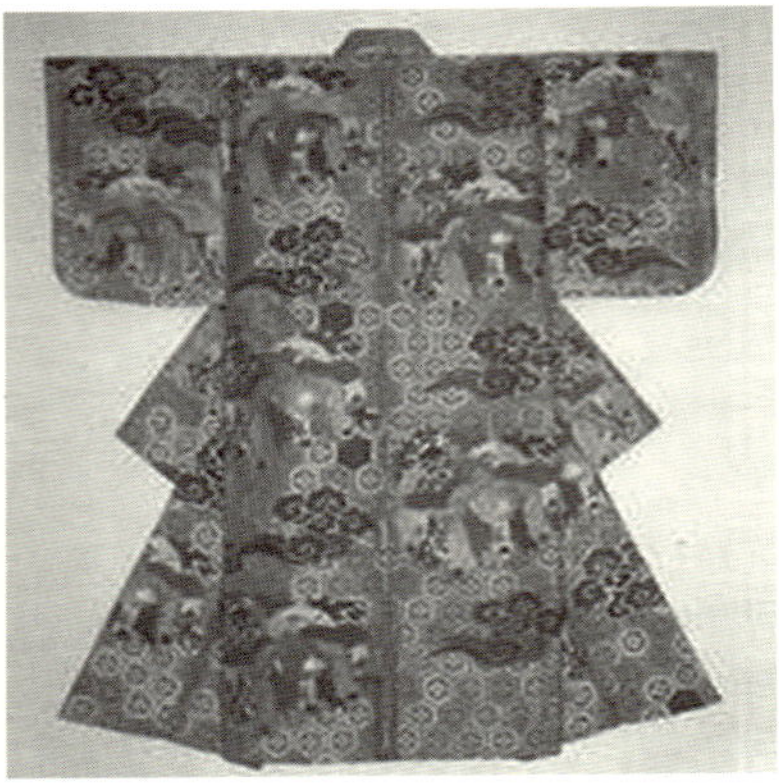

いところで、きらっと光らせたい、そんな思いがございますが、そういったものをなかなか皆さん、お召しにならなくなりました。顔が洋風になったせいか、あるいはスタイルがよくなったからかとか、いろいろ考えておりましたのですが、最大の原因は、皆さん頭を染めて黒髪でなくなったことが、古典柄の似合わない原因ではないかと思っているわけでございます。

その古典柄ですが、日本では友禅染という独自の方法によって、きものをキャンバスに見立てまして、そこに意匠を凝らして世界に誇るきもの文化を確立したわけでございます。

京友禅、加賀友禅などの独自の色づかい、そして名古屋においては手描き友禅、あるいは型友禅、そして名古屋黒紋付き染として、それぞれが発展してまいりました。染の手描き友禅は、享保年間の第七代尾張藩主・徳川宗春の遊芸華やかな時代に、京都からの絵師・友禅師によって伝えられました。その後、質素倹約の気風が定着して、花鳥風月を基本にした、色づかいも濃淡調の渋い友禅染となり、今日に受け継がれているわけでございます。

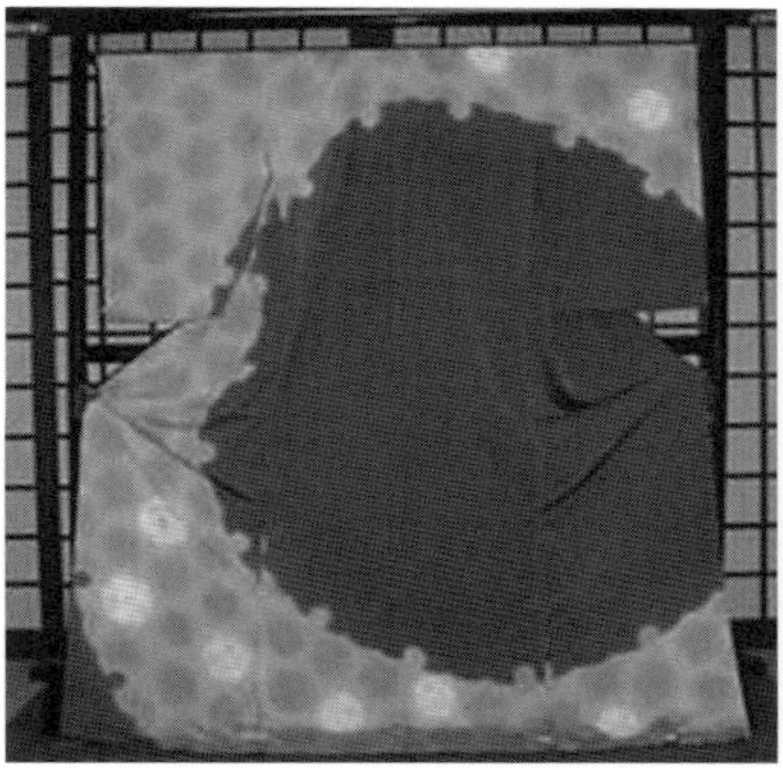

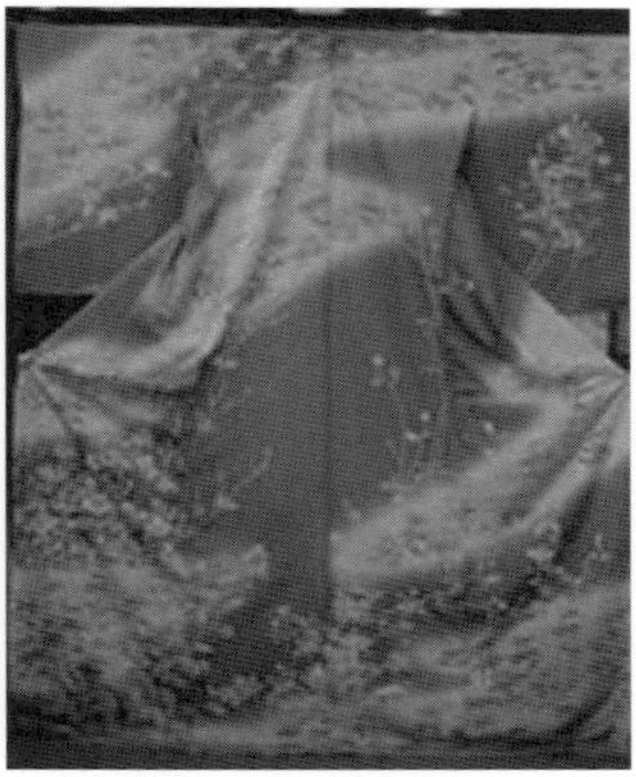

型友禅は模様を型彫りにした型紙を用いまして、使う色ごとに型紙を用意して、絵柄を付けていく技法でございますが、名古屋における型友禅の源は、紺屋での旗や幟などにあるといわれ、江戸時代の末期には型友禅の産地としての基盤を確立し現代に至っているということでございます。

この技法は明治に入ってから、京都の新しい技術を導入するなどして、生産が拡大してきたようでございます。

そして、名古屋黒紋付き染ですが、紋章が武家の目印として平安時代に発生し、牛車や衣服に付けられていました。現在は紋章を付けた衣服は礼装用として、広く冠婚葬祭に用いられておりますが、名古屋における黒紋付き染は、白生地の部分に紋章の部分を残して黒に染め上げげて、白く残した部分に、後から紋を入れるという形でつくられてまいります。

黒染の工程で紋型紙を用いる、いわゆる名古屋紋付き染は、黒の美しさと丈夫さで優れており、いったん赤にしてその上から黒の染料で染める紅下染め、いわゆる赤が下で紅下染ですね、とか、いったん藍色に染めてその後黒の染料で染める藍下染など、いかに黒を黒らしく見せるかという工夫をしております。

ちなみにファッションの先進地であるイタリアでは、いわゆるカラスの濡れ羽色といいますか、黒がまさに黒く見えるという、そういう工夫で非常に優れたものがたくさんあるようにお聞きしております。これも気候風土の違い、あるいは生地の違い、染料の違い、水の違いなどのさまざまな条件が、発色にかなりの影響を及ぼしているわけでございます。

こうした古典柄とか伝統のものには独特の様式がありますが、この独特の様式を持つ古典柄・伝統文化をどのように受け継ぎ、伝えていくかということで、ここで本題に入らせていただきます。

京都には、「一見客お断わり」という言葉がございます。お茶屋の女将がある雑誌のインタビューに答えまして、こんなふうにいっております。「一見さんはなんぼ風采がようても、どういう人かわからへんし、タクシーの運転手さんが、『いいお客さんどすさかいに』とホテルから連れてこられても、『えらいすんまへんなあ、ここはもっさりしておりますんどすけど、初めてのお客さんはご遠慮さしてもろてます。どなたかでもけっこうですし、私どもが存じ上げている方のお声をかけていただきましたら』と、あくまでもお断わりしていますす」と。京都弁が下手ですみませんが、文字に落としますとそんな表現になります。

こうした世界が、社会の片隅でひっそりとではあるけれども、脈々と受け継がれているわけでございます。

こうした「一見客お断わり」は、きちんとお金を払ってくれるという経済的な裏付けを担保にして、店のクオリティを保ち続けるための防衛原理であり、馴染み客にある種のステータスを感じさせるための演出であるのかもしれません。

しかし一歩踏み込んでみると、誰しも最初は紹介されてその店にあがるのだから、店にとっては少なくとも、紹介してくれた人と同じ価値観を持ち、共通した好みを持った人であろうと想像ができる一方、客側にとっても紹介者からあらかじめ話を聞いてから出かけるから、どんなふうに遊べばいいのか、予算はほぼこれくらいで大丈夫だろうといった安心感がある。つまり、お店もお客もお互いに紹介者を保険代わりにしている、いわば伝統社会における相互扶助精神であろう、というふうに思われるわけでございます。

そして、店のサービスに満足した客が、もう一度その店を訪れることを「裏を返す」といいますが、裏を返してなお満足すれば、三度目の客として訪れて、馴染みの客というふうになっていくわけでございます。

通常馴染み客を増やして客の底辺を広げ、店の繁栄を願ってたゆまぬ努力をするわけでございますが、「一見客お断わり」の世界では、多くの方が紹介によって広がってまいりました。

馴染み客からの紹介であっても、時には受け入れがたい人もいるわけでございます。そんな場合も、「その日は適当なお座敷があいてぇしまへんので」とかの方法で排除し続けながら、歴史を築き、一つの村社会を形成して、安定的かつ長期にわたる関係を保ち続けてきました。現代の社会では、『信用』が基盤です。その信用というのは、資本金だとか売上高などが、大きなウェートを占めるわけでございますが、「一見さんお断わり」の世界では『信頼』が基盤となります。その人物の人格なり品位なりが要求されて、それが元となって普遍的で安定した社会を構築している。そして、それは高いところから見下ろしている閉鎖性ではなくて、むしろ同じレベルの人間同士の排他性として捉えるべきではないか、というふうに思っております。

お茶屋では通常、お座敷とお酒は用意しますが、料理は仕出し屋に、舞妓や芸妓は通常屋形と呼ばれる置屋さんに手配します。仕出し屋は頃合いを見計らって、一品一品お茶屋へ料理を届けますが、ここでも女将の心配りが行き届いていて、客の嗜好に合った料理を絶妙のタイミングで出してくれます。お銚子の数とお座敷の雰囲気で、馴染み客が今どんな気持ちでいるのか、五感を働かせていますが、お客にはそんなそぶりは一切見せずに、自分の家にいる以上にくつろげるように気を配っている、と思います。

こうして、巷の喧騒を横目にしまして、閉鎖された空間での安心感、あるいは解放感を味わうことになるわけですが、その成り立ちを辿ってみると、娼館も点在したであろうかつての花街の中で、店にとっては歌舞音曲だけで成り立ってゆくには、一定の文化水準を持った人の集客が、必要だったようでございます。

なかでも大学の先生など、いわゆるクオリティの高い人々が馴染み客となれば、店の格も高くなってくるということで、「学割」、つまり学者割引なるものも誕生したようでございます。

やがて文化人の馴染み客も増え、倶楽部あるいは文化サロン的なものが誕生し、通常のサロンは客同士が互いに顔馴染みであるのに対して、ここでは女将が、それぞれの客の好みを熟知し、このお客さんは何が好きだとか、どんな趣味を持っているのかはもちろんのこと、「こんな時はこうするもんどっせ」といった、男を磨く修業の場といった側面を併せ持った社会が、出現してくるわけでございます。

一般的に現代の大量生産された製品は、マーケティングなどを通じて、大衆社会になじみやすい最大公約数的な製品を作り続けています。あらゆる方法でコストダウンを図り、しかも同一の品質を維持しているわけでございますが、京都の家内工業的な間口の狭い供給では、それぞれがそれぞれの需要に合わせた質の高いサービスを提供することが可能でした。

花街のサービスとて例外ではございません。本物を求める人たちの要請に応えるべく、質的な内容を昇華させようと不断の努力を重ねた結果、本物はほんものの人間によって伝統となり、今日まで保ち続けられてまいりました。

閉ざされた社会はえてして風通しが悪くなり、内部から腐敗が生まれて衰退する運命を辿ることになりかねないのですが、京都ではあらゆる分野の「志の高い人々」が、チェック機関として機能しており、宮内庁御用達などの格式の高い大店をはじめ、家元や宗家など本物を求める人々の集団の存在が大きな役割を担っていたわけでございます。

これらの本物を求める人々は、作り手に使用する目的やその背景など、細部にわたってこと細かに説明し、イメージ通りのものの供給を要請し続けてまいりました。

先ほど大友先生からお話がありました、工作機械の大手の原点は鍛冶屋だと。まさにこれと共通した部分があると考えております。

「一見客お断わり」の世界も、女将を中心とした多くの環によって文化を共有しているとするならば、その排他性によってのみ存続するのかもしれません。客も店もお互いに本物を目指すという目的を共有し続けてきた京都が、見失いがちな環の存在を外の人たちに対して「一見客はお断わり」していますという方法で提示するわけですけれども、これは、こういう方法をとれば仲間になれますよ、ということをいっていることにほかならないと感じております。

能の家元の最近の言葉ですが、「最近の弟子の中には、塾通いよろしく師匠とは通いの稽古だけの関係で修業をすまそうとする者がいる。内弟子として飛び込んでくる気概がなければ、こちらも胸襟を開いて教えられない」と嘆いておられます。マニュアルさえ身につけば、芸が上達するわけでもない。芸は師の息遣いや姿勢に触れることで磨かれる。かたちから入るけれども、最終的にはその真髄は心遣いにあると。こうした心配りを習得しなければ真髄には迫れません。

文化技術の継承は、本物を求める人たちの要請に応えるべく、質的な内容を昇華させるように、不断の努力を重ねた結果、本物はほんものの人間によって伝統となり、今日まで保ち続けられてきました。

したがって、量的な拡大を目指すのではなくて、本物の文化として継承すべく、内容をこそ重視すべきであろうと考えております。

執筆者紹介（掲載順）

大友　昌子（おおとも　まさこ）
　中京大学現代社会学部教授

長江　昭充（ながえ　あきみつ）
　ヤマザキマザック株式会社副社長

末松　良一（すえまつ　よしかず）
　名古屋大学名誉教授・愛知工業大学総合技術研究所客員教授

九代玉屋庄兵衛（くだいたまやしょうべい）
　からくり人形師

アンジェリーナ・ヴォルペ
　南山大学総合政策学部教授・財団法人名古屋国際センター初代民間大使

松原　武久（まつばら　たけひさ）
　中京大学客員教授・元名古屋市長

中村孝太郎（なかむら　こうたろう）
　名古屋市会議員

本書及びその基となったシンポジュームは、中京大学特定研究助成費による補助を受けた研究の成果の一部である。

文化の継承と現代テクノロジーの展開
　―技術アーカイブズの伝統と現在―

2015 年 3 月 19 日発行　初版第 1 刷発行

編　者　中京大学社会科学研究所
発行者　橋本　哲也
発売所　創泉堂出版
東京都新宿区天神町 64
郵便番号　162-0808
電　話　03(5225)0162

印刷・製本　創栄図書印刷（株）

ISBN978-4-902416-34-3 C3000